재밌어서 밤새 읽는
한국사 이야기 5

재밌어서 밤새 읽는

한국사 이야기 5

조선의 근대화와 열강의 침입

박은화(재밌는이야기역사모임) 지음

더숲

세상이 빠르게 흘러간다는 사실이 실감 나는 요즘이다. 즐겨 듣던 노래가 몇 달도 안 되어 유행 지난 노래 취급을 받고 새로 산 휴대전화는 1년이 채 안 돼 구식이 된다. 하루하루는 똑같은 것 같은데 10년 전을 떠올리면 지금은 맛볼 수 없는 향수가 느껴 지고 10년 후의 미래는 예측하기조차 힘들다. 이렇게 빠른 속도 의 변화에 불안감을 느끼기도 하고 사회가 예측할 수 없는 방향 으로 흘러갈까 두려움에 떨기도 한다.

지금으로부터 약 150년 전쯤 개화기 조선에 살고 있던 우리 선 조들 역시 비슷한 감정을 느꼈을 것이다. 조상 대대로 물려받은 가 업인 농사를 지으며 세상의 변화와 무관하게 하루하루를 살아간 조선 사람들 앞에 갑자기 나타난 이양선과 서양 사람, 상상도 못 한 개혁, 일본의 침략 등은 두려움과 불안으로 다가왔다.

이 과정에서 어떤 사람은 변화를 거부하고, 어떤 사람은 변화 를 기회로 삼으려고 했다. 하지만 결과적으로 조선과 우리 선조들은 변화의 원인 및 흐름을 제대로 파악하지 못했고, 결국 근대화에 실패했다. 그리고 그 대가는 참담했다. 일본에 나라를 빼앗기고 한순간에 식민지로 전락하고 말았다.

《재밌어서 밤새 읽는 한국사 이야기 5》는 바로 이 시기를 살아간 사람들 이야기다. 서양의 통상 요구를 위기로 바라보는 사람들과 기회로 바라보는 사람들의 갈등, 옛 제도를 바꾸려는 사람들과 새로운 제도에 반기를 든 사람들의 상반된 행보, 자주 국가를 만들기 위해 서로 다른 방법을 제시하며 갈등하는 사람들에 관한 이야기가 전개된다. 이 이야기를 읽으며 답답함에 속이 막힐 수도, 어리석은 선택에 가슴이 아플 수도 있을 것이다.

이 모든 것은 돌이킬 수 없는 우리의 과거다. 뜻대로 되지는 않았지만 당시 사람들은 좋은 결과를 얻으려 분투했다. 그 속에서 민족의 역량이 성장한 것 또한 사실이다. 그 성장으로 식민 지배라는 험준한 산을 넘어 오늘날에 이르게 된 것일지도 모른다.

이 책을 읽으며 실패와 좌절을 반복하면서도 포기하지 않고 노력한 선조들의 끈기에 공감할 수 있으면 좋겠다는 생각을 해 본다. 그리고 비록 아쉽고 느리더라도 의미 없는 과거는 없다는 사실을 깨달을 수 있으면 한다. 실패한 것은 결과일 뿐 노력의 과정은 결코 실패가 아니라는 점을 느끼며 이 시기를 살아간 우리 선조들의 노력에 조용한 박수를 보낼 수 있게 되기를 바란다.

차례

제1장 조선, 근대화의 첫발을 내딛다

제2장 한반도를 둘러싼 열강의 대립이 시작되다

한국사와 세계사를 한눈에 읽는 연표

동양사	한국사(일제 강점기~1910)	서양사

서양사
1853 크림 전쟁(~1856)
1861 미국, 남북 전쟁(~1865)
1863 미국, 링컨 대통령이 노예 해방령 선포
1867 오스트리아 · 헝가리 제국 성립
1870 프로이센 · 프랑스 전쟁(~1871)
1871 독일 제국 수립
1882 영국, 이집트 점령
　　　독일 · 오스트리아 · 이탈리아, 3국 동맹 결성

동양사
1861 중국, 양무운동(~1894)
1868 일본, 메이지 유신
1869 이집트, 수에즈 운하 개통
1877 인도, 영국령 인도 제국이 됨
1884 청프 전쟁(~1885)
1885 청, 톈진 조약
　　　인도, 인도 국민 회의 결성
1889 일본, 제국 헌법 제정
1894 청일 전쟁(~1895)
1898 중국, 변법자강 운동
1899 중국, 의화단 운동
1901 중국, 신축 조약 체결

한국사(일제 강점기~1910)
1863 제26대 왕 및 제1대 황제 고종(~1907)
1864 서원 철폐 및 정리
1865 경복궁 중건(~1868)
1866 병인양요, 병인 박해
1868 오페르트 도굴 사건
1871 신미양요, 척화비 설치
1876 조일 수호 조규(강화도 조약) 체결
1881 별기군 설치
1882 조미 수호 통상 조약 체결
　　　임오군란
1884 갑신정변
1885 거문도 사건
1889 방곡령 사건
1894 동학 농민 운동, 갑오개혁
1895 을미사변, 을미개혁
1896 아관파천, 《독립신문》 창간
　　　독립 협회 설립
1897 대한 제국 수립
1899 대한국 국제 반포, 경인선 개통, 양전 사업

서양사
1898 미국 · 스페인 전쟁
　　　영국 · 프랑스, 파쇼다 사건
1900 러시아, 만주 점령
1902 제1차 영일 동맹
1904 러일 전쟁(~1905. 포츠머스 조약)

한국사
1904 한일 의정서 체결, 보안회 결성
　　　제1차 한일 협약 체결
　　　《대한매일신보》 창간

동양사	한국사(일제 강점기~1910)	서양사
1905 일본, 미국과 가쓰라 · 태프트 밀약 체결 인도, 제1차 벵골 분할령 발표	1905 을사늑약(제2차 한일 협약 · 을사 보호 조약) 체결 헌정 연구회 결성	1905 러시아, 피의 일요일 사건 제2차 영일 동맹
	1906 대한 자강회 설립	
	1907 대한제국 군대 해산, 국채 보상 운동(~1908), 신민회 설립(~1911) 헤이그 특사 파견, 고종 강제 퇴위 한일 신협약(정미 조약) 체결 제27대 왕 및 제2대 황제 순종(~1910)	1907 영국 · 프랑스 · 러시아, 3국 협상 성립
	1908 장인환 · 전명운의 스티븐스 저격 사건	
	1909 간도 협약 체결 안중근이 이토 히로부미 처단	
	1910 한일 병탄으로 국권 피탈 토지 조사 사업 시작(~1918)	
1911 중국, 보로 운동, 신해혁명		
1912 중국, 중화민국 수립		

제1장

조선,
근대화의 첫발을 내딛다

흥선 대원군은 왜 정치 개혁을 하게 되었을까?

자신의 어린 아들 고종이 왕위에 오르면서 정치를 시작한 흥선 대원군은 당시의 여러 모순을 개혁하고 새로운 정치를 추진했다. 특히 잘못된 정치 관행인 세도 정치를 저지하기 위해서는 왕권 강화가 필수라는 판단하에 왕권 강화책을 펼쳐 나갔다. 또한 민심을 달래고 백성들의 생활을 안정시키고자 노력했다. 그러나 무리한 정책 시행으로 예상 못 한 결과에 직면하고 말았다.

이하응의 노력으로 이루어 낸 고종의 집권

조선 제25대 왕 철종은 후사가 없었기에 왕실에서는 후계자를 정하는 작업에 돌입했다. 왕실 최고 어른인 신정 왕후 조 대비는 이하응의 둘째 아들 명복을 차기 왕으로 약속했고, 철종이 죽자 이명복은 조선 제26대 왕 고종으로 즉위했다. 그때 고종은 고작 열두 살의 어린 나이여서 아버지 이하응이 대신 정치를 하게 되었는데, 이하응이 바로 흥선 대원군이다.

'대원군'이라는 호칭은 살아 있는 왕의 아버지를 가리키는 말로 실상 흔하지 않은 용어다. 우리나라의 경우 보통 왕이 세상을 떠나고 나야 그 아들이 왕위를 이어받기 때문에 왕의 아버지가 살아 있는 일 자체가 있을 수 없다. 문제는 아들이 없는 경우다. 조선에서는 여성이 왕이 될 수 없으니 아들이 없으면 친척 중 적당한 인물을 찾아 양자로 들이고 그 아이에게 왕위를 물려주었는데, 이때 왕이 된 아이의 살아 있는 친부를 대원군이라고 부른다.

철종의 후계자로 이하응의 아들이 결정되기까지는 우여곡절이 있었다. 조선 후기에는 힘 있는 몇몇 가문이 정치를 주도하는 세도 정치가 이루어졌고 가장 막강한 가문이 안동 김씨 집안이었다. 안동 김씨 집안에서는 자신들과 가까운 사람을 왕으로 앉히고 싶어 했지만 신정 왕후 조 대비가 걸림돌이었다. 안동 김씨 집안과 라이벌인 풍양 조씨 사람 조 대비는 왕실의 가장 큰 어른으로, 차기 왕위 계승자의 최종 결정권을 갖고 있으므로 안동 김씨 집안이 추천하는 인물을 차기 왕으로 승낙할 리 없었다. 그렇다고 풍양 조씨 집안 사람을 왕으로 정하면 안동 김씨 집안의 반발이 거셀 것이 뻔하니 어느 쪽도 쉽지 않은 상황이었다.

이때 눈이 띈 인물이 이하응이다. 영조의 증손자인 이하응은 정치에 대한 뚜렷한 견해나 야망이 없고 일상생활도 소박한 소위 '만만한' 인물이었다. 당시 세도 가문에서는 자신들이 마음대로 조종할 수 있고 다루기 쉬운 인물을 찾고 있었으며, 이하응은 그 조건에 딱 맞는 인물이었다. 결국 세도 집안 간의 이해관계로 이하응의 둘째 아들 명복이 왕위에 올라 고종이 되었다

왕권 강화를 위해 흥선 대원군이 펼친 정책

고종이 열두 살이라는 어린 나이에 왕위를 물려받자 아버지 흥선 대원군이 고종 대신 정치에 나섰다. 이때 흥선 대원군이 가장 먼저 한 일은 왕권 강화를 통한 정치의 정상화다. 당시 조선은 세도 정치를 겪으며 비정상적인 정치 행태가 많이 벌어졌는데 그중 가장 문제가 된 것은 비변사의 비대화다.

비변사는 원래 전쟁과 같은 유사시에 대신들이 모여 대책을 논의하는 임시 회의 기구였다. 그런데 임진왜란·정유재란·정묘호란·병자호란 등 전쟁을 연이어 겪으며 상설 기구로 변했고, 회의에 참석하는 인원이 점점 많아져서 영의정·좌의정·우의정의 3정승은 물론 문무관 고위 관직자가 모두 모이는 거대한 회의체

흥선 대원군 이하응의 초상. 흥선 대원군이 쉰 살 되는 해에 제작된 것으로 조선 시대 최상급 공복(제복)인 금관조복을 입고 홀(관직에 있는 사람이 관복을 입을 때 손에 쥐는 것)을 든 모습이다(그림 1).

가 되었다. 이렇듯 비변사의 힘이 강해지면 가장 불편한 사람은 왕이다. 대신들의 힘이 막강한 탓에 왕은 눈치를 보며 정치를 펼수밖에 없는 것이다.

게다가 세도 정치가 행해지며 비변사는 인사 기구 역할까지했다. 비변사에 어지간한 관리가 전부 모이다 보니 새로운 관직에 누구를 뽑을지, 어떤 사람을 승진시킬지 등 인사 관련 업무까지 비변사가 담당했다. 그리고 비변사에 모이는 관리 상당수는 세도 가문과 연결되어 있었기에 세도 가문에서 추천한 사람이 발탁되는 경우가 태반이었다.

이렇게 비변사를 통해 세도 가문이 주도하는 정치가 이루어지는 환경 속에서는 왕이 제대로 된 정치를 할 수 없다고 판단한 흥선 대원군은 비변사를 축소했다. 즉 비변사가 처음 생겼을 때의 기능인 유사시 대책을 논의하는 임시 회의 기구로 되돌려 놓은 것이다. 비변사의 힘이 약해지자 상대적으로 왕권은 강화되고, 따라서 고종을 대신하여 정치를 담당하고 있는 흥선 대원군의 힘은 차츰 강력해졌다.

흥선 대원군이 왕권 강화를 위해 펼친 또 하나의 정책은 서원철폐다. 서원이란 유교 선현의 제사를 지내고 학생들에게 유학을 가르치는 사설 교육 기관이자 향촌 자치 기관이다. 서원은 처음 설립될 때만 해도 향촌에 유교를 보급하고 유학에 능통한 인재를 양성하는 역할에 충실했다. 이에 조선 왕실에서는 일부 서원에 책과 노비, 토지를 하사하고 서원 소유 재산에서는 수취(조세)를 걷지 않는 등 경제적 지원을 아끼지 않았다.

그러나 서원이 경제적으로 넉넉해지고 같은 서원 출신 관료끼리 한 편이 되는 일이 잦아지자, 양반 사회에서는 서원을 세우는 것 자체를 자신의 재산과 명성을 관리하는 일로 여겼다. 그리고 서원에는 면세 특권이 있었기 때문에 일부 양반은 자신의 재산을 서원에 기증하는 것처럼 해 놓고 세수를 내지 않는 편법을 썼다. 서원이 우후죽순처럼 생겨나 18세기에는 그 수가 전국에 1천여 개에 이르렀다. 서원 수가 많아지는 것은 조선 왕실 입장에서 이로울 게 없는 일이지만, 유교를 근본으로 삼는 조선에서 서원을 손본다는 것은 어려운 일이었다.

이렇듯 부정부패를 일삼는 서원의 문제점을 잘 보여 주는 것이 화양동 서원이다. 화양동 서원에서는 제사 때마다 '화양묵패'라는 것을 돌려 관료나 양반 들로부터 묵패에 적힌 제사 경비를 받아 냈으며, 이를 지키지 않으면 잡아들이거나 벌을 주는 등 처벌을 했다. 또한 화양동 서원에서 추천한 사람은 무조건 관직에 올랐다. 화양동 서원이 운영하는 음식점과 여관은 큰돈을 벌 뿐만 아니라, 그곳에서 일하면 수취 면제의 혜택을 받을 수 있어 명부에 이름을 올려 두고 혜택을 누리는 사람이 많았다. 이 같은 화양동 서원의 횡포와 특권은 전국에 미쳐 그 피해가 어마어마했다.

화양동 서원이 가장 심각하기는 했지만 다른 서원들도 비슷한 횡포를 부렸고 피해는 고스란히 백성들에게 돌아갔다. 이에 흥선 대원군은 서원의 부패를 막고 새로운 서원이 생기는 것을 금지하는 정책을 만들었다. 그런데 유생들은 자신들의 잘못을 뉘우치기는커녕 흥선 대원군을 비판하며 그의 서원 정책에 반기를 들었다. 이에 흥선 대원군은 더 강경한 정책으로 맞섰다. 전국에 47개 서원만 남기고 나머지 서원을 모두 없애 버린 것이다. 분노한 전국의 유생은 한양으로 몰려와 상소를 올리고 궁궐 앞에 엎드려 몇 날 며칠을 버텼지만 흥선 대원군은 꿈쩍도 하지 않았다. 조선의 왕 누구도 엄두를 내지 못한 서원 정리를 흥선 대원군이 해낸 것이다.

백성을 위한 개혁을 시도하다

세도 정치 시기와는 다른 새로운 정치를 하고 싶은 흥선 대원군은 백성을 위한 정책을 펼침으로써 민심을 얻으려 했다. 이를 위해 백성을 가장 괴롭히는 소위 삼정의 문란을 바로잡는 정책을 펼쳤다. 삼정이란 '정'으로 끝나는 백성들이 부담하는 수취 세 가지로서 땅에 부과하는 '전정', 군포(당시에는 돈처럼 쓰였다)를 내는 '군정', 빌린 곡식을 갚는 '환정'('환곡'이라고도 불렀다)을 일컫는 말이다. 그런데 이 삼정이 잘못 운영되고 있어 백성들에게 큰 부담이 되었다.

첫 번째 전정은 땅에 부과하는 수취로, 원래는 땅이 많은 사람은 많이 내고 땅이 적은 사람은 적게 내는 게 당연했다. 하지만 땅이 많은 지주들은 마땅히 자신이 부담할 수취를 소작농이 내게 하거나 관리와 짜고 아예 내지 않는 일까지 서슴지 않았다. 그렇게 되면 국가의 세수가 줄다 보니 지주가 내지 않는 수취는 모두 농민들이 부담해야 했다. 이런 일을 막고자 흥선 대원군은 양전 사업을 실시했다. 양전 사업이란 사람마다 땅을 얼마나 갖고 있는지를 조사하는 토지 조사 사업으로, 이를 통해 토지 소유주와 토지의 양을 정확하게 밝혀 백성들이 납부하는 부당한 수취를 조정하고자 한 것이다.

두 번째 군정은 성인 남자에게 부과하는 수취를 말하며 군대에 가는 대신 군포를 내는 것이다. 조선의 성인 남자는 전쟁에 대비하여 의무적으로 군사 훈련을 받아야 했다. 그러나 전쟁이 항상 일어나는 것이 아니니 군사 훈련을 받지 않는 대신 백성들이 내는 비용으로 직업 군인을 양성하여 전쟁에 대비하는 방식이 보편화되었다. 따라서 성인 남자라면 누구나 군포를 내야 하나 모든 사람이 낸 것은 아니다. 관료나 성균관 학생처럼 나라를 위해 일하고 공부하는 이들에게는 면세 혜택이 주어졌다. 그런데 언젠가부터 면세 혜택이 모든 양반으로 확대되었고, 그 때문에 세수가 줄자 일반 백성의 군포 부담은 늘어만 갔다.

흥선 대원군은 군정의 모순을 바로잡고자 호포제를 실시했다. 호포제란 신분에 상관없이 군포를 부과하는 정책으로, 그때까지 면세 혜택을 누려 온 양반들도 세금을 내야 하는 정책이다. 호포제 실시에 양반과 유생은 크게 반발한 반면 일반 백성들은 환호했다.

세 번째 환정(환곡)이란 봄철이나 흉년과 같이 먹을 게 부족할 때 농민들에게 쌀을 빌려주었다가 가을이나 풍년에 갚게 하는 제도로, 백성을 위해 만들어진 구휼 제도다. 그런데 세도 정치 시기 일부 관리는 빌려 간 쌀을 몇 배로 부풀려 받거나 빌려 가지도 않은 농민에게 갚을 것을 강요하는 방법을 동원하여 과도하게 쌀을 걷어 자신의 배를 채워 나갔다. 이를 개선하고자 흥선 대원군은 관청에서 관리하는 환곡을 마을 전체 백성이 관리하는 방식으로 바꾸고, 쌀을 보관하는 창고 역시 관아가 아닌 마을에 있는 사창을 활용하는 사창 제도를 운영했다.

이상의 정책들은 양반과 관료 들의 저항을 부르기에 충분하여 흥선 대원군에게 불만을 품는 사람이 많았다. 그러나 흥선 대원군은 소신을 굽히지 않았다. 그 밖에도 긴 담뱃대를 짧게 만들도록 하고 갓의 크기를 줄이는가 하면 긴 갓끈은 짧게 하도록 했으며, 양반들이 입는 도포의 넓은 소매는 뇌물을 숨기는 용도로 쓰인다며 소매 폭을 줄이도록 했다. 흥선 대원군의 이런 강단 있는 모습은 백성들에게 환영을 받고 민심을 얻는 데에 기여했다. 하지만 경복궁이 중건되면서 이런 민심은 차갑게 돌아선다.

조선을 바로 세우자! – 경복궁 중건

임금이 기거하는 조선의 정궁 경복궁은 모든 정책이 결정되는 정치의 장으로 조선의 상징과도 같은 곳이다. 그러한 경복궁이 임진왜란 때 불타 버려 선조를 비롯한 여러 왕이 중건을 계획했으나, 워낙 공사 규모가 방대하여 실행에 옮기지 못했다. 따라서 모든 정치 활동은 창덕궁 등 다른 궁궐에서 이루어졌다.

조선 제일의 궁인 경복궁을 다시 짓는 것이 조선을 바로 세우는 일이자 땅에 떨어진 왕권을 높이는 첫걸음이라고 생각한 흥선 대원군은 경복궁 중건에 나섰다. 전국 각지에서 최고급 목재를 공수하고 백성들을 공사에 동원했다. 춤꾼과 기녀를 모아 잔치를 여는 등 경복궁 중건을 하나의 축제로 만들려 했다.

하지만 경복궁을 짓는 일은 그리 만만하지 않았다. 예상보다 막대한 비용이 들면서 재정적으로 문제가 생긴 데다 또 다른 악재가 터졌다. 공사에 쓰려고 모아 둔 목재가 방화로 추정되는 불에 몽땅 타 버린 것이다. 이 일로 많은 사람이 경복궁 중건을 그

만두자고 제의했으나 흥선 대원군은 포기하지 않았다.

재정 문제를 해결하고자 백성들에게 일종의 기부금 성격인 '원해서 납부하는 돈'이라는 뜻의 원납전을 걷었다. 기부금이라고는 해도 실상은 강제로 징수되었기에 백성들은 원납전을 '원망하며 납부하는 돈'이라고 불렀다. 그 밖에도 특별 세금인 결부세, 한양의 사대문을 통과할 때 내는 통행료인 문세를 받았다. 또한 목재를 마련하기 위해 개인이나 양반 집안 소유 땅에 있는 나무를 강제로 벌목했는데, 심지어 무덤가에 있는 나무(묘지림)까지 베어 오게 했다.

또 자금을 마련하기 위해 돈을 받고 관직을 파는 일마저 서슴지 않고, 상평통보의 100배에 달하는 고액 화폐 당백전을 만들어 유통시키는 등 무리한 정책을 폈다. 액면가는 상평통보의 100배지만 실제로는 20배 정도밖에 되지 않는 당백전이 유통되면서 시장은 혼란에 빠졌다. 게다가 고액 화폐의 발행으로 물가가 급속도로 상승했다.

이처럼 경복궁 중건이 무리하게 진행되자 너나없이 흥선 대원군에게 불만을 토로했다. 양반들은 묘지림까지 베어 가는 흥선 대원군이 유교 질서를 무너뜨린다며 비난하고, 백성들은 노동력 착취와 과도한 수취로 고통을 경험하며 흥선 대원군의 정치에 등을 돌렸다. 그러나 흥선 대원군은 고집스레 밀어붙여 경복궁 중건을 계획한 지 2년여 만에 완공했다.

노예제 폐지를 가져온 미국의 남북 전쟁

미국인이 가장 존경하는 대통령이자 전 세계인에게 가장 많이 알려진 미국 대통령은 제16대 대통령인 에이브러햄 링컨이다. 링컨 대통령은 흑인 노예를 해방하는 정책을 펼친 것으로 유명한데, 이를 위해 미국은 남북 전쟁을 치러야 했다. 노예를 해방하는 문제를 두고 미국이 전쟁까지 벌인 배경은 무엇일까?

미국은 1776년 영국으로부터 독립하여 나라를 세웠으며 당시에는 13개 주로 이루어진 연방 국가였다. 지금은 50개 주가 있고 북아메리카 대륙의 동쪽 해안으로부터 서쪽 해안에 이르는 넓은 영토를 차지하고 있는 미국이지만, 처음 나라가 세워질 때에는 동쪽의 13개 주로만 구성된 작은 나라였다. 이후 1800년대 들어 서부 개척과 멕시코와의 전쟁을 통해 땅을 넓혀 나갔고, 그 과정에서 노예제에 반대하는 북부 사람들과 노예제에 찬성하는 남부 사람들의 대립이 싹텄다.

미국의 북부와 남부는 서로 다른 경제 구조를 갖고 있었다. 풍부한 지하자원을 바탕으로 공업과 상업이 발전한 북부에서는 노예가 아닌 노동자가 필요하기에 노예 제도에 반대했다. 반면 면화와 사탕수수를 재배하는 대농장이 주를 이루는 남부에서는 노예들의 노동에 의존하고 있기에 노예제에 찬성할 수밖에 없었다. 사정이 이렇다 보니 미국에서는 주마다 다른 법을 적용하여 노예 제도를 인정하지 않는 자유주와 노예 제도를 인정하는 노예주가 공존하게 되었다.

초창기 미국은 자유주와 노예주의 수가 거의 동일하게 유지되면서 균형을 이루었다. 그런데 서부 개척과 영토 확장 과정에서 새로운 주가 생겨나자, 그 주를 자유주로 할 것인지 노예주로 할 것인지를 두고 갈등이 빚어졌다. 그러던 중 노예제 폐지를 주장하는 공화당 세력이 커지고 흑인 노예의 참상을 알리는 소설《톰 아저씨의 오두막》이 출간되면서 노예제 폐지의 목소리가 우세해지기 시작했다.

노예제를 둘러싼 갈등은 1860년 대통령 선거에서 링컨이 당선되면서 절정에 달했다. 공공연하게 노예제 폐지를 주장하는 링컨이 제16대 대통령으로 당선되자, 노예제를 지지하는 남부 7개 주는 연방 탈퇴를 선언하고 아메리카 남부 연합을 만든 후 제퍼슨 데이비스를 대통령으로 선출했다. 이에 누가 진짜 미국의 주인인가를 놓고 링컨을 중심으로 하는 북부와 노예제에 찬성하는 아메리카 남부 연합이 전쟁을 벌인 것이 남북 전쟁이다.

남부 사람들은 자신들이 북부보다 승리에 대한 열망이 크고 남부에서 생산한 목화가 유럽에 잘 팔리고 있어 지금도 충분하므로 빠른 기간 안에 전쟁을 끝낼 수 있을 것이라고 생각했다. 그리고 로버트 리 대령이 북부를 떠나 남부군에 합류하면서 전쟁은 남부에 더 유리해 보였고, 실제로 전쟁 초반 남부는 주도권을 잡아 나갔다.

하지만 북부도 호락호락하지는 않았다. 남부보다 인구가 두 배 많다는 이점을 이용해 신병을 모집하고, 그랜트 장군이 이끄는 부대가 남부 연합의 헨리 요새와 도널슨 요새를 점령하면서 남부를 위협했다. 이후 호각세가 이어지면서 몇 달 안에 끝날 것 같던 전쟁은 해를 넘겨 가며 이어졌다. 그러던 중 게티즈버그 전투를 기점으로 동부 지역의 전세가 북부에 유리해지기 시작했다. 비슷한 시기 서부에서도 북부가 승리하며 전세를 뒤집었다.

남부의 반격이 만만치 않았지만 전쟁이 길어질수록 전세는 남부에 불리해졌다. 북부보다 병력과 물자가 부족한 남부는 버티는 데 한계가 있었던 것이다. 이를 눈치챈 북부의 그랜트 장군은 일부러 지구전을 펼쳤다. 결국 1865년 4월 남부가 항복하면서 남북 전쟁은 끝났다. 전쟁이 시작된 지 4년여 만의 일이다.

남북 전쟁은 미국에 엄청난 변화와 충격을 몰고 온 사건이다. 우선 전쟁 기간 인명 피해는 물론 산업 시설의 파괴와 토지의 황폐화에 따른 경제적 피해가 발생했다. 특히 남부 지역의 땅이 급격히 황폐해지면서 남부는 더 이상 대농장 중심의 경제를 이어갈 수 없었다. 더욱이 노예제 폐지로 노예를 부릴 수 없는 상황이 되자 대농장은 이전처럼 값싼 면화를 생산할 수 없어, 남북 전쟁 이후 남부는 농업 대신 다른 산업 분야의 발전을 꾀해야만 했다.

남북 전쟁에서 북부가 승리하며 미국은 공식적으로 노예 없는 나라가 되었다. 그러나 미국의 모든 사람이 노예제 폐지를 받아들이지는 않았다. 링컨은 남북 전쟁이 끝난 직후 1865년 4월 14일 노예제 폐지에 반대하는 존 윌크스 부스에 의해 암살당했는데, 그만큼 노예제 폐지에 대한 반발은 컸다. 그럼에도 자유 민주주의 국가인 미국이 갖고 있는 노예제라는 부끄러운 한계가 비로소 사라졌으니 남북 전쟁이 미국 역사에 남긴 영향은 지대하다고 할 수 있다.

링컨 대통령이 전 세계적으로 유명한 이유는 노예제를 폐지했다는 점도 있지만 남북 전쟁 중에 행해진 게티즈버그 연설 때문이기도 하다. '국민의, 국민에 의한, 국민을 위한 정치'라는 민주주의의 기본 이념을 담은 연설은 아이러니하게 전쟁의 한복판에서 이루어졌다. 비록 남북 전쟁 직후 링컨은 죽었지만 노예제 폐지와 민주주의 발전이라는 그의 소망은 지금까지 이어지고 있는 셈이다.

흥선 대원군은 왜 서양과의 수교를 거부했을까?

　흥선 대원군 집권 시기 조선의 해안에는 서양의 여러 나라 배들이 출몰하여 조선을 불안하게 만들었다. 특히 동아시아 최강 국가로 여겨지는 중국이 서양 국가들에 맥없이 무너졌다는 소식이 전해지자, 조선의 왕실과 양반 유생들은 서양 세력의 침입을 막아야 한다는 사명감마저 느꼈다. 이에 흥선 대원군은 쇄국 정책을 표방하며 서양의 통상 수교 요구를 거부했다.

프랑스 선교사와의 갈등 그리고 병인양요

　흥선 대원군이 집권할 당시 조선에는 천주교 신자가 상당수 있고 천주교 전파를 위해 프랑스 선교사들이 파견되어 있었다. 흥선 대원군이 처음부터 천주교에 반감을 가진 것은 아니라고 한다. 오히려 천주교를 이용하여 국제 관계에서 도움을 받고자 프랑스 선교사들과 친분을 쌓았다.

조선에 접근해 오는 국가들 중 흥선 대원군이 가장 경계한 나라는 러시아다. 중국, 일본이야 원래 교류가 있던 나라고 다른 서양 국가들은 지리적 거리 때문에 크게 위협이 되지 않았으나 러시아는 달랐다. 가까이 있는 데다 남하 정책을 펴며 조선과 충돌할 가능성이 높은데 전혀 정보가 없어 위협적으로 느낀 것이다.

이에 흥선 대원군은 프랑스 선교사를 통해 서구 국가의 도움을 받아 러시아의 남하를 막아 보려 했다. 하지만 프랑스 선교사의 반응은 흥선 대원군의 예상을 보기 좋게 빗나갔다. 자신은 종교를 전파하러 온 것이지 정치와는 무관하다며 흥선 대원군이 요청한 외교적 도움을 단칼에 거절한 것이다. 흥선 대원군은 이때부터 천주교에 반감을 품었다.

프랑스 선교사들의 이용 가치가 없다고 생각될 즈음 중국 청나라에서 천주교 탄압 소식이 들려왔다. 이전부터 천주교가 주장하는 내세관과 평등사상에 반감을 품고 있는 양반 계층은 우리도 중국처럼 천주교를 금지해야 한다며 목소리를 높였다. 당시 여러 정책의 시행으로 양반들과 사이가 좋지 않은 흥선 대원군은 천주교에 대한 자신의 입장을 분명히 밝힐 필요가 있었다.

흥선 대원군은 천주교 박해에 나섰다. 1866년 천주교 신자 8천여 명을 새남터·절두산·해미 읍성 등 전국 각지에서 처형했고, 계속된 박해로 숨진 천주교인은 무려 2만 명이 넘는다는 기록이 있다. 또한 조선에 있던 프랑스 선교사 열두 명 중 아홉 명을 처형하는 등 대대적인 천주교 탄압을 펼쳤다. 이것이 1866년 병인년에 일어난 병인박해다.

프랑스 선교사 열두 명 중 살아남은 선교사 리델은 청나라로 도망가 베이징에 있는 프랑스 사령관 로즈 제독에게 병인박해 소식을 전했다. 이에 프랑스는 천주교 선교사를 처형한 조선 왕실에 책임을 묻겠다며 강화도로 쳐들어왔다. 바로 병인양요다.

로즈 제독의 제1차 원정은 강화도와 한양의 수로를 탐사하기 위한 것이었다. 한강을 거슬러 양화진과 서강까지 올라와 수로가 표시된 지도 세 장을 만들고 돌아갔다. 제2차 원정은 전쟁 선포의 성격을 띠었다. 프랑스 선교사 리델과 조선인 천주교도 세 명이 이 원정길을 안내했는데, 로즈 제독은 "조선이 선교사 아홉 명을 죽였으니 우리는 조선인 9천 명을 죽이겠다"라는 포고문을 발표하며 보복 의지를 다졌다. 아울러 관리를 보내 통상 조약을 맺으라고 조선 왕실을 위협했다.

조선에서는 해안 방어를 강화하고 의용군을 모집하는 등 프랑

병인양요 당시 프랑스의 로즈 제독(가운데)과 그가 이끌고 온 군함 게리에르의 선원들(그림 2).

스와의 전쟁에 대비했다. 그러나 첫 번째 전투인 문수산성 전투
에서 조선군은 프랑스 군대의 신무기 앞에 무릎을 꿇으며 참패
하고 말았다. 문수산성 전투를 경험한 조선의 군대는 기습 작전
이 필요하다고 판단하여 양헌수가 군사를 이끌고 강화도 정족산
성에 들어가 잠복했다. 이틀 후 양헌수 부대는 정족산성으로 쳐
들어오는 프랑스군을 물리쳤다. 이 싸움에서 프랑스군은 사망자
여섯 명을 포함해 60여 명의 사상자를 내며 참패한 반면 조선군
은 사망 한 명, 부상 네 명에 그쳤다.

이 패배로 프랑스군의 사기는 크게 떨어졌다. 게다가 한 달 가

까이 강화도를 점령하고 있으면서 피로가 누적되어 더 이상 전쟁을 벌이는 것은 무리라고 판단하고 물러갔다. 그러나 철수하는 프랑스군은 강화도에 있는 외규장각(정조가 왕실 관련 서적을 보관하고자 설치한 일종의 도서관) 등 왕실 건물에 불을 지르고 금은보화와 책, 군수 물자 등을 약탈했다. 이렇게 프랑스군의 침략을 막아 내는 과정에서 흥선 대원군과 조선 왕실은 서양 세력에 대한 불신이 커져 문호를 더욱 단단히 닫아걸게 되었다.

쇄국 정책과 오페르트 도굴 사건

대외 관계에서 흥선 대원군의 정책은 쇄국 정책, 즉 다른 나라와 무역 및 교류를 하지 않는 것이었다. 당시 동아시아 지역은 중국을 중심으로 한 조공 무역이 기본 형태였는데, 이는 왕실에 대한 존중과 유교 질서를 바탕으로 정해진 횟수에 정해진 물량만을 교류하는 방식이다. 반면 동양에 접근한 서양의 상인들은 돈이 된다면 예의나 질서, 절차와 상관없이 이익을 중시하는 무역을 했다. 이렇게 입장이 다르다 보니 동서양의 만남은 충돌로 이어질 수밖에 없었고 대표적인 사건이 아편 전쟁이다.

청나라가 아편 전쟁에 패배하여 영국에 문호를 개방하고 일본 역시 미국에 문호를 개방한 뒤 두 나라 모두 정치적·경제적으로 혼란을 겪었다. 이 소식을 전해 들은 흥선 대원군은 서양인을 도둑으로 여겨 절대 교류하지 않겠다며 쇄국 정책을 펼쳐 나갔다. 그때 오페르트 도굴 사건이 벌어졌다.

오페르트는 독일인 상인이자 항해가로 1851년 홍콩에서 무역업을 하며 아시아에 발을 디뎠다. 이후 자신이 차린 회사가 파산할 무렵 조선에 관심을 갖게 되었고 1866년 조선에 와서 통상(무역)을 하자고 요구했다가 거절당했다. 같은 해에 다시 강화도로 들어와 통상을 요구하려 했으나 병인양요로 혼란한 시기여서 빈손으로 돌아갔다.

2년 뒤인 1868년 프랑스 신부 페롱, 미국인 젠킨스와 함께 차이나호를 타고 충청도에 온 오페르트는 천주교 탄압에 보복한다며 관아를 습격하여 무기를 빼앗았다. 그러고는 흥선 대원군의 아버지 남연군의 묘를 파헤쳤다. 유해를 꺼내 흥선 대원군을 협박하고 통상을 요구하려 한 것이다. 하지만 무덤 위를 덮고 있는 생석회층 때문에 도굴에 실패했다. 이후 오페르트는 인천 영종진을 습격하여 재차 통상을 요구했으나 거절당하고는 물러났다.

아무리 통상을 원한다고는 하지만 목적 달성을 위해 무덤을 파헤치고 유골을 훔치려 했다는 사실을 알게 된 흥선 대원군은 치를 떨었다. 가뜩이나 서양인에 대한 이미지가 좋지 않던 차에 오페르트 때문에 서양 사람들을 야만인으로 여기게 되었을 뿐 아니라 문호를 개방하지 않겠다는 의지를 더욱 굳혔다.

전국에 세워지는 척화비

병인박해가 일어난 1866년 7월 미국의 상선 제너럴셔먼호는 통상을 요구하며 한반도로 들어왔다. 서양인과 교류하지 않겠다는 쇄국 정책을 내세우고 있는 조선은 당연히 제너럴셔먼호의 요구를 받아들이지 않았다. 그러나 조선의 경고를 무시한 채 대동강을 따라 들어온 제너럴셔먼호의 미국인과 평양 사람들 사이에 충돌이 발생했다. 이때 제너럴셔먼호의 접근을 막기 위해 나선 조선인 두 명이 죽임을 당하자 화가 난 평양 군민들은 제너럴셔먼호에 불을 질렀다.

5년 후인 1871년 아시아 함대 사령관 로저스가 이끄는 미국 함대는 서해안으로 다가왔다. 미국 함대가 접근해 온다는 소식에 조선은 군대를 배치했다. 그러나 조선 해안으로 온 미국 함대는 싸움을 벌이는 게 아니라 탐사 작업을 진행했다. 조선은 물러나라며 경고했지만 미국 측은 수로 탐색을 위해 강화 해협을 탐측해야 한다고 통보하고는 작업에 돌입했다. 경고에도 불구하고 미국이 탐측을 계속하자 조선 군대는 포격을 가했고, 미국은 평화로운 탐측 작업에 조선이 먼저 포격을 가했으니 사과하고 변상하라며 대표단 파견을 요구했다.

이것은 미국의 작전이었다. 미국은 평화적으로 접근하는 척하면서 조선의 공격을 유도하여 피해 보상과 통상을 요구하려 한

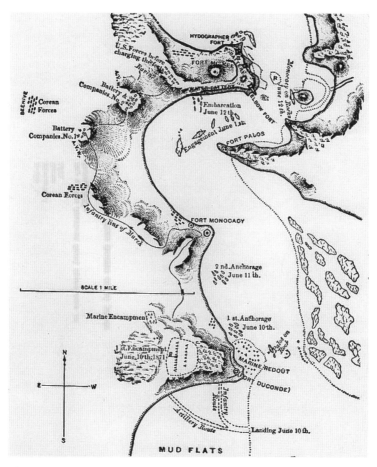

신미양요 때 미국 측이 그린 지도. 지도 중 중앙 위에서 두 번째 지명 Fort McKee는 광성보이고, 중앙 밑에서 세 번째 지명 Marine Redout는 초지진이다(그림 3).

것이다. 미국은 자신들의 요구 사항을 들어주지 않으면 열흘 후 상륙 작전을 벌이겠다며 협상을 제안했다. 조선은 협상 대신 전 쟁을 택하고 강화도 초지진에 군대를 배치하여 미군을 공격했다.

신미양요 때 사령선 격인 콜로라도
호에 최초로 승선한 조선인. 콜로라
도호는 중국, 일본, 조선과 통상하
려는 미국의 외교 방침에 따라 아시
아를 순항 중이었다(그림 4).

미군이 함포를 앞세워 초지진에서 대승을 거두자, 이번에는 광성
보로 군대를 보내 미군을 막아섰다. 그러나 조선은 광성보에서도
패배하면서 강화도 사수에 실패했다.

전쟁은 미국의 승리로 끝났지만 미국이 원한 결과가 아니었다.
미국은 전쟁이 아니라 위협을 가해 조선을 굴복시킨 뒤 무역을
하려 했다. 실제로 그런 방식으로 중국, 일본, 동남아시아 여러
나라를 개항시키고 통상에 응하게 한 경험이 있었다. 그런데 조
선만은 미국의 계획대로 움직이지 않았다. 항복하고 통상을 허용
하는 대신 전쟁에 지고도 계속 싸울 준비를 했다. 이에 미국은 계
획이 수포로 돌아갔음을 깨닫고 조선의 개항을 포기한 채 자진

해서 물러났다. 이 사건이 신미양요다.

강화도 전투에서 이기고도 미국이 더 이상 침략하지 않고 물러나자 조선은 어리둥절했지만 마냥 기뻐할 일만은 아니었다. 언제 또다시 서양 세력이 조선에 침략할지 모른다는 위기감이 감돌았다. 그리고 무례하고 야만스러운 서양 사람들과는 절대 무역하지 않겠다는 의지가 더욱 굳건해졌다. 흥선 대원군은 서양 사람들과 절대 화해하지 않고 맞서 싸우겠다는 의지를 담아 전국에 척화비를 세웠다.

이러한 조선의 대응에 관하여는 평가가 엇갈린다. 침략이 아닌 통상이 목적인 서양 세력과 굳이 사상자를 내며 싸워야 했는지 그리고 통상을 거부함으로써 우리나라가 국제 사회에서 뒤처지는 결과를 낳았으니 의미 없는 싸움은 아니었는지 하는 부정적 평가가 있다. 한편 아무런 준비가 되지 않은 상태에서 바로 개항했다면 물가 폭등, 사회 혼란 등 득보다 실이 컸을 터이니 개항하지 않은 것은 옳은 선택이라는 긍정적 평가도 있다. 그만큼 당시 어떤 것이 옳은 선택이었는지 쉽게 판단할 수 없다.

어찌 되었든 조선은 신미양요를 겪으며 쇄국의 의지가 한층 강해졌고 그 의지를 담아 척화비를 세웠다. 그리고 서양과의 통상에 부정적 이미지가 심어지면서 다른 나라와의 교류는 더더욱 어려운 일이 되었다.

정조가 세운 도서관 외규장각과 《조선 왕조 의궤》

조선의 왕궁에는 '규장각'이라는 이름의 왕실 도서관이 있었다. 정조는 규장각을 중심으로 역사를 정리하고 연구 및 편찬 사업을 펼치던 중, 국가와 왕실에 관련된 중요한 서적을 영구히 보관할 목적으로 왕궁 밖 강화도에 도서관을 하나 더 만들었다. '외규장각'이라고 부르는 이곳에는 책 6천여 권이 보관되어 있었다. 그런데 1866년 병인양요 당시 프랑스 군대는 퇴각하면서 외규장각에 있는 책 가운데 귀하고 비싸 보이는 300여 권을 약탈하고 나머지는 건물과 같이 불태우고 말았다. 그 바람에 외규장각에 보관 중이던 조선 왕실의 귀중한 책들은 모두 재가 되어 버렸다.

그로부터 100년이 지난 1975년 프랑스 국립 도서관 사서로 일하던 박병선 박사는 폐지 창고에서 동양의 고서들을 발견했다. 중국 책으로 분류되어 있는 이 고서들을 자세히 살펴본 결과, 병인양요 때 외규장각에서 프랑스군이 약탈해 간 《조선 왕조 의궤》라는 사실을 밝혀냈다. 박병선 박사를 통해 이 사실을 알게 된 우리나라 정부는 프랑스 측에 이 책들의 반환을 요청했으나 프랑스는 거부했다. 우리 정부와 역사학계는 반환 운동을 펼쳤고 몇십 년에 걸친 노력 끝에 2011년《조선 왕조 의궤》297권을 대여 방식으로 반환받게 되었다.

'의궤'란 왕실의 혼례, 장례, 세자 책봉 등 주요 행사의 내용을 기록한 책이다. 조선에서 의궤를 만든 이유는 왕실 행사의 모범적인 표준을 기록함으로써 차후에 있을 행사를 예법에 맞게 치르기 위함이다. 의궤에는 문자 기록뿐만 아니라 행사에 대한 상세한 그림이 그려져 있어 조선의 문화, 풍속 및 당시의 경제 규모까지 한눈에 파악할 수 있다.《조선 왕조 의궤》는 2007년 유네스코 세계 기록유산으로 지정되어 그 가치를 인정받았으며, 프랑스로부터 돌려받은 것 중에는 국왕이 열람하기 위해 특별히 제작된 희귀본도 포함되어 있다.

《조선 왕조 의궤》는 현재 우리나라에서 보관 중이지만 소유권은 여전히 프랑스에 있다. 비록 대여 형태로 넘겨받았지만 5년마다 대여 기간을 연장할 수 있어 영구 대여가 가능하다. 우리나라에서 영구 보존이 가능한 만큼 더 많은 연구 성과가 나오기를 기대한다.

조선은
어떻게 문호를
개방했을까?

　나이 어린 임금 고종을 대신하여 정치를 담당한 홍선 대원군은 고종이 스무 살이 넘자 자리에서 물러나라는 압력을 받았다. 하는 수 없이 홍선 대원군이 물러나고 고종과 민비가 정치를 담당하게 되었다. 사실상 민비의 힘이 막강해지자 민씨 집안사람들은 대거 정계에 진출하여 홍선 대원군과는 차별되는 정책을 시행하고자 했다. 이들은 홍선 대원군의 통상 수교 거부 정책을 비판하고 지식인층의 개화 요구를 수용하여 개항을 논의했다. 하지만 막상 조선의 개항은 강제적으로 이루어졌는데 그 사건이 바로 강화도 조약이다.

일본의 강요로 체결된 강화도 조약

홍선 대원군의 집권 시기 일본은 미국에 개항하고 근대 문물을 받아들였다. 그러나 개항 이후 물가 폭등·정치 불안이 이어졌고, 특히 무사들의 특권을 폐지하고 무기 소유를 금지하는 정책이 시행되자 일본 무사 계급의 불만은 폭발했다. 이러한 불만을 무마하고 아시아에서 근대화의 주도권을 쥐고 싶은 일본은 국내 정치 문제의 해결보다 해외 침략을 택했다. 이 과정에서 제기된 논리가 정한론이다.

근대화를 지향하는 일본의 새 정부(메이지 정부)는 조선과 새로운 외교 관계를 수립하자며 문서를 보냈다. 하지만 조선은 문서에서 일본이 자신의 국왕을 '황상'으로 표현한 것을 문제 삼아 외교 관계 수립을 거부했다. 이에 일본에서는 평화로운 외교 수립 대신 무력으로 조선에 쳐들어가자는 주장이 일었는데, 이것이 한반도를 정벌하자는 정한론이다. 물론 정한론이 바로 실행에 옮겨지지는 않았지만, 그만큼 일본은 무력을 사용해서라도 조선과 외교 관계를 맺으려 했다.

이러한 가운데 홍선 대원군이 정치에서 물러나고 고종의 친정이 시작되었다. 통상 수교 거부 정책을 강하게 펼친 홍선 대원군이 정치에서 물러나자, 일본은 조선과 수교를 체결할 절호의 기회라고 판단하여 국교 수립 방안을 모색했다.

1875년 운요호 등 군함 세 척을 조선에 파견한 일본은 바다를 측량하는 척하며 함포를 쏘는 등 무력시위를 벌였다. 조선이 군함을 파견한 이유를 따져 묻는 데에도 아랑곳하지 않고 일본은 조선 근해에서 발포 연습을 계속했다. 그러던 중 물을 구한다는 핑계로 일본 군인들이 강화도에 들어오는 일이 벌어졌다. 강화도를 방어하던 조선의 수비병은 이를 침략으로 규정하고 일본군에게 포격을 가했다. 이어서 일본군과 조선군 사이에 충돌이 벌어졌는데, 결과는 근대식 무기를 앞세운 일본의 완벽한 승리였다. 이것이 '운요호 사건'이다.

강화 해협은 국방상 요충지로 조선의 배들조차 항행권 없이는 들어갈 수 없는 곳이었다. 게다가 병인양요와 신미양요 모두 강화도에서 벌어졌기에 조선은 외국의 군함이 강화도에 접근하는 것 자체를 금지하고 있었다. 그러한 가운데 운요호가 강화 해협으로 들어왔으니 조선은 당연히 이를 침략으로 규정했다. 하지만 일본은 해안을 측량하고 있는 배를 조선이 먼저 공격한 것이라며 보상을 요구했다.

조선과 일본의 대표가 만나 운요호 사건의 처리 방안을 두고 협상에 들어갔다. 이 협상에서 일본은 조선의 개항과 조약 체결을 요구했다. 흥선 대원군 일파와 유생들이 개항에 반대하면서 협상은 결렬될 위기에 놓였다. 그러나 박규수, 오경석 등 개화파

의 주장과 청나라 대신 이홍장의 권고 그리고 고종의 적극적인
의사로 개항이 결정되고 조약이 맺어졌다. 이 조약이 바로 조일
수호 조규, 다른 말로 강화도 조약이다(1876년).

강화도 조약은 12개 조항으로 구성된, 조선이 맺은 최초의 근
대적 조약이며 일본에 일방적으로 유리한 불평등 조약이다. 특히
일본이 조선의 해안을 마음대로 측량하여 지도를 제작할 수 있
도록 허용한 조항이나 일본 사람이 조선에서 죄를 지었을 때 일
본에서 심리하고 판결할 수 있는 치외 법권(영사 재판권)을 인정
한 부분이 그렇다. 근대적 조약을 처음 맺는 조선으로서는 조약
의 불평등함을 미처 인지하지 못했다.

또한 부속 조약인 조일 수호 조규 부록도 체결했는데, 여기에
서는 일본인이 조선에서 일본 화폐를 사용할 수 있도록 규정했
다. 그리고 강화도 조약을 체결한 지 6개월 뒤에는 조일 무역 규
칙을 체결하여 일본이 조선의 쌀을 무제한으로 가져갈 수 있고
일본 상품을 무관세로 조선에 판매할 수 있도록 했다.

당시 조선에서는 세계적인 추세, 청의 권고, 고종의 의지 등에
의해 개항의 필요성을 느끼고 있던 차에 마침 일본과 근대적 조
약을 맺음으로써 개항의 첫발을 내디뎠다. 그러나 국제 정세에
무지하고 일본의 상황과 근대화에 대해 잘 알지 못하는 상태에서
급작스레 조약을 추진한 탓에 일방적으로 불리한 조약을 체결했

다. 이로 인해 조선은 일본에 끌려다니는 신세가 되고 말았다.

《조선책략》과 미국과의 수교

강화도 조약으로 조선이 개항을 하자 이번에는 미국이 조선과의 수교를 추진했다. 미국은 일본과 수교를 체결하고 이미 동아시아에 진출한 상태인 데다 신미양요를 겪으며 조선에 관심을 갖게 되어 교류를 원했다. 그러나 조선은 미국을 제대로 알지 못했다. 신미양요 때 심어진 나쁜 기억만 갖고 있는 미국과 수교를 맺는 것은 쉬운 결정이 아니었다.

이때 청나라가 등장했다. 청나라는 조선과 미국이 조약을 맺을 수 있도록 주선함으로써 조선에 영향력을 행사했다. 김홍집은 사신으로 일본에 다녀오며 청나라 사람 황준헌이 쓴 《조선책략》이라는 책을 가져와 조선에 소개했다. 《조선책략》에는 조선이 당면한 국내외 문제를 어떻게 해결하면 좋은지에 대한 의견을 담고 있었는데, 러시아에 대한 견제를 최우선 과제로 제시했다. 러시아가 영토 확장을 노린다면 조선을 가장 먼저 공격할 것이므로 러시아를 무조건 막아야 하며, 그를 위해서는 청과 가까이 지내고 일본과 관계를 이어 가며 미국과 연합해야 한다고 주장했다.

책의 논리대로라면 조선은 이미 청과 가까운 사이고 일본과는 강화도 조약으로 관계를 유지하고 있으니 걱정할 게 없었다. 문제는 미국이다. 잘 알지 못하는 나라지만 미국과 연합해야 한다고 하니 일단 미국을 만나 수교하는 것이 급선무였다. 이에 조선은 청나라의 알선으로 미국과 수교를 맺고 조미 수호 통상 조약을 체결했다(1882년).

조미 수호 통상 조약에는 제3국과의 분쟁 시 두 나라가 서로 돕고 해결을 위해 노력한다는 거중 조정 내용이 포함되었고, 미국 상품이 조선에 들어올 때 관세를 부과하기로 하는 등 일본과의 조약보다 조선에 유리한 내용이 포함되었다. 그러나 영사 재판권과 최혜국 대우(다른 나라와 조약을 체결했을 때 더 좋은 내용이 있으면 미국에도 적용)가 인정된 불평등 조약이다.

해외 사절단 파견과 개화 정책

강화도 조약 체결 이후 조선은 근대화를 추진하려고 했으나 근대화가 무엇인지, 어떻게 해야 하는지를 도통 알지 못했다. 따라서 다른 나라로 사절단을 보내 근대화를 배우고 필요한 기술과 정보를 습득하고자 했다.

가장 먼저 일본에 수신사를 파견했다. 제1차 수신사로는 김기수 일행이 파견되어 근대화 시설을 시찰하고 돌아왔다. 이후 일본과 맺은 조약을 개정하기 위해 제2차 수신사로 김홍집 일행을 일본에 보냈다. 비록 조약 개정에는 성공하지 못했지만, 수신사

1884년에 설치된 우리나라 최초의 우편 업무 관청인 우정총국. 개국 기념식이 열리는 날 갑신정변이 일어났는데 그 때문에 폐지되었다(그림 5).

일행은 일본의 발전상을 살펴보고 《조선책략》을 가져와 조미 수호 통상 조약의 체결을 이끌었다.

수신사들의 시찰 의견을 반영하여 조선은 개화 정책을 총괄하는 기구인 통리기무아문을 설치했다. 통리기무아문 아래에는 실무를 담당하는 12사를 두고 개화파 인사를 등용했다. 기존의 군사 조직인 5군영은 2영으로 통합·운영하고 새로운 군대인 별기군을 창설하여 일본인 교관에게 훈련받도록 했다. 또한 조선은 일본의 정세 파악과 개화 정책에 관한 정보를 얻고자 비밀리에 조사 시찰단을 파견했다. 이들은 일본의 정부 기관 및 근대 시설을 시찰하고 미국과의 수교와 관련된 정보도 수집했다.

한편 청나라에도 영선사를 보내 근대 시설을 살펴보았다. 특히 청에서는 무기, 화약, 기계 등 근대화에 필요한 기술들을 배워 오게 했다. 조미 수호 통상 조약 체결 후 수교에 대한 답례로 미국에 보빙사를 파견하여 근대 시설을 둘러보도록 했다. 인천에서 배를 타고 한 달여 만에 미국 샌프란시스코에 도착한 보빙사는 다시 대륙 횡단 열차를 타고 1주일을 이동하고 나서야 워싱턴에 도착할 수 있었다. 보빙사는 40여 일 동안 미국에 머물면서 공장, 신문사 등을 방문하고 보스턴 만국 박람회를 참관했다.

이러한 노력으로 조선은 근대화 정책을 담당하는 기구들을 신설할 수 있었다. 근대식 무기를 만드는 기기창, 신문과 잡지의 편찬과 인쇄를 담당하는 박문국, 화폐를 만드는 전환국, 우편 업무를 담당하는 우정총국 등이 신설되었다. 하지만 가장 중요한 정치와 경제 분야의 근대화는 이루어지지 못하여 조선의 근대화는 한계를 가질 수밖에 없었다.

영국령 인도 제국의 성립

15세기 이후 유럽인은 아시아 곳곳에 진출했다. 이 시기 아시아로 진출한 유럽 국가는 포르투갈, 에스파냐, 네덜란드, 영국 등인데 그중 영국은 인도에 진출하여 막대한 경제적 이익을 얻었다.

영국이 인도에 처음 진출한 것은 1600년 동인도 회사를 통해서였다. 동인도 회사는 영국의 물건을 비싼 값에 인도에 수출하고 인도의 물건을 값싸게 수입하는 방식으로 이익을 남기면서 인도를 경제적으로 지배했다.

영국은 군사력을 이용해 인도를 식민지로 만드는 대신 동인도 회사의 무역을 통한 인도 경제권 장악으로 이익을 극대화했다. 영국의 이런 조치로 인도 사람들은 자신들이 영국의 지배를 받고 있다는 생각을 하지 못했고, 인도의 왕조 무굴 제국 역시 망한 게 아니다 보니 인도인들은 자기 나라가 영국의 식민지라고 인식하지 못했다. 이러한 영국의 교묘한 지배는 250년 넘게 이어졌다. 그런데 이 상황을 단번에 변화시킨 사건이 바로 세포이 항쟁이다.

세포이 항쟁이란 말 그대로 세포이들이 영국에 저항한 사건인데, 세포이는 영국 동인도 회사에 고용된 인도인 용병을 일컫는 말이다. 인도와 영국의 무역을 책임지고 있는 동인도 회사는 주로 바다를 통해 무역을 하다 보니 군사적 충돌이나 질서 유지를 위해 자체적으로 군인을 고용하고 있었다. 대체로 영국인을 채용했으나 인도 내에서 군사 업무를 담당할 군인으로는 인도인을 상당수 채용하고 이들을 세포이라고 불렀다.

세포이는 급여가 높고 근무 조건이 좋아 인도 내에서는 선호하는 직업이었다. 인도 신분제에서 상위 두 계급인 브라만과 크샤트리아 출신 세포이가 많았던 점을 보아도 세포이가 얼마나 좋은 직업으로 여겨졌는지 알 수 있다. 인도의 일반인 중에는 영국과 동인도 회사에 불만을 가진 사람들이 있었으나, 세포이들은 동인도 회사에서 많은 급여를 받고 있어 그다지 불만이 없고 오히려 직업에 대한 자부심이 컸다.

그런 세포이들이 반란을 일으킨 발단은 어이없게도 무기 교체였다. 1857년 동인도 회사는 세포이들에게 총을 교체해 주며 새로운 탄약통을 지급했다. 탄약통은 신속하게 장전하기 위해 방수 기름종이로 개별 포장되어 있었는데, 장전을 하려면 입으로 종이를 물어뜯고 탄약을 총신에 넣어야 했다.

세포이 대부분은 이슬람교나 힌두교 신자였다. 이슬람교 신자들은 돼지를 불결하다고 여겨 돼지고기를 먹지 않고, 힌두교 신자들은 소를 신성시하여 소고기를 먹지 않는다. 문제는 종이에 먹인 기름이 돼지나 소의 지방이라는 데 있었다. 탄약통을 입으로 물어뜯을 경우, 돼지기름과 소기름을 입에 넣는 셈이 되니 당연히 세포이들은 이 방식에 불만을 가졌다.

세포이들은 새로운 탄약통의 사용을 거부하고 무기 교체를 요구했지만 영국인들은 이를 받아들이지 않았다. 종교적 신념에 따라 기름 먹인 종이를 물어뜯는 것을 거부하는 인도인들을 이해하지 못한 것이다. 급기야 동인도 회사는 새로운 탄약통 사용을 거부하는 세포이들을 잡아 구타하거나 감옥에 가두었고, 이에 저항하는 세포이들은 결국 폭발하여 반란을 일으켰다.

평소 동인도 회사에 불만을 품고 있던 인도인들까지 여기에 가담하면서 항쟁의 규모는 걷잡을 수 없이 커졌다. 무기를 가지고 있는 세포이들이 주도하는 항쟁에 동인도 회사가 속수무책으로 당하자, 영국 정부는 그제야 사태의 심각성을 인지하고 지원군을 파견했다. 마침내 반란을 진압하는 데에는 성공했지만 영국과 인도 양쪽 모두의 인명 피해는 막대했다.

세포이 항쟁을 경험한 영국 정부는 동인도 회사를 통한 경제적 지배가 더 이상 불가능함을 느끼고 인도를 군사적·정치적 식민지로 만들기로 결정했다. 이에 군대를 보내 무굴 제국을 멸망시

키고 영국 여왕이 인도를 직접 통치했다. 이로써 영국령 인도 제
국이 수립되며(1877년) 인도는 영국의 정식 식민지가 되었다. 이
제 영국의 식민 지배로 인도인들은 많은 제약을 받게 되었다. 경
제 활동뿐 아니라 정치와 교육의 참여도 제한되었고 행정과 제
도는 영국의 것을 따라야 했다. 이런 이유로 영국에서는 세포이
항쟁을 무굴 제국을 멸망하게 만든 무모한 반란으로 본다. 하지
만 인도에서는 영국에 대한 독립운동의 시초로 보아 제1차 독립
전쟁으로 규정한다.

구식 군대는 왜
개화 정책에
반발했을까?

　개항 후 고종의 외척인 민씨 집안사람들과 근대화를 외치는 일부 지식인이 중심이 되어 개화 정책이 시행되었다. 개화 정책은 조선의 발전을 이끌 새로운 정책이지만 과거의 제도와 정책을 지지하는 사람들에게는 위협으로 느껴질 수밖에 없었다. 또한 정치에서 물러난 흥선 대원군을 여전히 지지하는 사람들은 개화 정책에 반대했기에 조선의 변화는 생각만큼 쉽지 않았다. 이 과정에서 개화 정책을 막아 내려는 반란이 일어났는데 바로 임오군란이다.

근대식 군대 별기군

고종과 민씨 세력은 청과 일본의 근대화 과정을 시찰한 후 이를 바탕으로 새로운 정책을 시행했고, 그중 가장 신경 쓴 부분이 무기와 군대의 개혁이다. 병인양요, 신미양요를 겪으며 서양 무기의 위력을 직접 경험했을 뿐만 아니라 동아시아 최강으로 여기던 청나라가 서양 군대 앞에서 맥없이 패배했음을 알고 있는 조선으로서는 그 어떤 것보다 막강한 군대를 갖기 위한 개혁을 서둘러야 했다.

민씨 정권은 조선의 군대 체제를 개편했다. 조선에는 원래 5군영이라 불리는 훈련도감·어영청·총융청·금위영·수어청의 다섯 개 부대가 있고, 이들은 수도와 왕실 호위부터 전쟁의 주요 역할까지 담당했다. 민씨 정권은 이 5군영을 축소하여 무위영, 장어영의 2영 체제로 운영했다. 대신 지원자 80명을 선발하여 무위영 소속 근대식 군대를 만들어 그들을 별기군이라고 불렀다.

별기군은 소규모 부대여서 구식 군대인 5군영의 전투 능력을 전부 담당할 수 없으므로 조선 정부는 점차 별기군을 확대하여 군대를 전부 신식 군대로 바꾸려는 계획을 세웠다. 이에 별기군에게는 총을 지급하고 일본인 호리모토 레이조를 교관으로 두고 훈련을 시작했다. 구식 군대보다 높은 급료에 군복 지급이나 훈련 여건 등에서 좋은 대우를 받았다. 인원을 점차 늘려 나가고 포

우리나라 최초의 근대적 군대 별기군. 강화도 조약 체결 후 부국강병책을 추진하면서 강병책의 하나로 신식 군대인 별기군을 만들어 80여 명을 선발하고 무위영에 소속시켰다. 일본인 교관의 훈련을 받는다고 '왜별기'라고도 불렀다(그림 6).

병, 공병, 보병, 기병 등 병과별 장교 양성 훈련을 받으며 조선을 대표하는 군대로 성장해 갔다.

구식 군대에 대한 차별

별기군이 조직되자 구식 군대는 차별을 받았는데 재정 부족 때문이었다. 사용할 수 있는 돈에 한계가 있다 보니 민씨 정권은 군대와 관련된 예산을 대부분 별기군에 사용했다. 5군영을 2영으로 만드는 과정에서는 재정적 부담을 줄이고자 구식 군인들을 대거 해고하는 일까지 감행했다.

이와 반대로 별기군의 신분과 급여는 보장되었다. 별기군의 총괄 책임은 민씨 집안의 대표 인물 민영환의 아버지이자 병조 판서인 민겸호가 맡았다. 민겸호는 농민들이 낸 조세를 관리하는 선혜청도 책임지고 있었는데, 군인들의 급여는 조세에서 지급되었고 민겸호는 별기군의 급여를 가장 먼저 지급했다.

반면 구식 군인들은 급여를 제때 받지 못했다. 더군다나 별기군이 신설되면서 훈련도감에서 해고된 구식 군인들의 급여는 13개월가량 체불된 상태였다. 1년 넘게 급여도 못 받은 채 해고되었으니 구식 군인들의 불만은 상상 이상이었다. 그런데 그때 이들의 불만에 불을 지피는 일이 벌어진다. 선혜청 도봉소에서 해고된 훈련도감 군인들에게 밀린 급여 중 1개월분 쌀을 지급했는데 모래와 겨, 썩은 쌀이 절반 이상 섞여 있었던 것이다.

격분한 훈련도감 군인들은 쌀을 지급한 담당관에게 항의했으나 담당관은 도리어 화를 내며 강압적인 언사를 했다. 결국 구식 군인들은 담당자에게 돌을 던지고 몰매를 때리며 폭동을 일으켰다. 이를 '도봉소 사건'이라고 한다. 민겸호는 도봉소 사건의 주동자들을 체포하여 고문했고 그중 두 명은 곧 처형될 것이라는 소문이 파다했다.

임오군란으로 흥선 대원군이 재집권

도봉소 사건에 대해 흥선 대원군의 형 흥인군 이최응은 군인들을 강경하게 진압해야 한다고 주장했다. 이최응은 흥선 대원군의 친형이지만 민씨 집안을 지지하고 있어 흥선 대원군과 사이가 좋지 않았다. 이최응의 이런 주장을 알게 된 구식 군인들은 상관인 무위대장 이경하를 찾아갔으나 별다른 도움을 받지 못했다. 그러자 운현궁으로 몰려가 흥선 대원군에게 도움을 요청했다. 고종의 친정과 민씨 세력에 밀려 정치에서 물러난 흥선 대원군은 다시 정치를 시작할 수 있는 계기가 될 것이라는 생각에 구식 군인들의 요청을 받아들였다. 이들에게 밀린 급여의 완전 지급을 약속한 뒤 자신의 명령대로 움직일 것을 지시했다.

도봉소 사건이 벌어진 지 닷새 후 흥선 대원군의 명령이 떨어지자 구식 군대는 반란을 일으켰다. 무기고를 습격하고 포도청에 난입해 옥에 갇힌 동료들을 구출했다. 그리고 민씨 정권을 도와 개화 정책을 펼치는 관리들의 집을 습격했다. 일본 공사관도 공격하여 별기군의 교관 호리모토를 비롯한 일본인들을 살해했다.

기세를 몰아 흥선 대원군의 형 이최응을 살해한 반란군은 민비마저 제거하기 위해 창덕궁으로 난입했다. 이때 민비는 궁녀복으로 갈아입고 창덕궁을 빠져나가 화를 면했지만, 창덕궁에 있던 별기군 총책임자이자 선혜청 담당관 민겸호는 구타당한 후 살해되었다. 전임 선혜청 담당관이자 경기 관찰사 김보현 또한 죽임을 당했다. 구식 군인들은 자신들의 급여가 밀린 것은 선혜청을 담당하는 관리가 쌀을 제때 지급하지 않았기 때문이라 생각하여, 전직과 현직 선혜청 담당관을 원흉으로 꼽은 것이다.

사태가 악화하자 고종은 흥선 대원군에게 도움을 구했다. 창덕궁에 입궐하는 흥선 대원군은 훈련도감 출신이자 군란에 가담한 구식 군인 200여 명의 호위를 받았다. 조정을 또다시 장악한 흥선 대원군은 개화 정책을 전부 무효화하고 사라진 옛 기관을 부활시켰다. 민씨 집안이 임명한 관리들을 모두 파직하고 그 자리에 자신의 사람들을 앉혔다. 흥선 대원군이 재집권하면서 옛 정치가 다시 시작된 것이다. 그러나 임오군란은 여기에서 끝나지 않았다. 도망간 민비가 반격을 준비하고 있었다.

민비의 반격과 흥선 대원군 납치

민비와 민씨 집안사람들은 영선사 자격으로 청나라에 가 있는 김윤식과 어윤중에게 연락을 취해 조선의 상황을 알리고 청나라에 도움을 청했다. 이때 흥선 대원군이 모르는 음모가 계획되었다. 민씨 정권의 요청으로 조선에 들어온 청나라 관리들은 미리 흥선 대원군을 만나 쿠데타를 인정하며 안심시켰다. 마음을 놓은 흥선 대원군은 청나라 사신 오장경의 초대에 응해 그를 만나

러 갔는데 청의 군인들이 흥선 대원군을 억류했다. 그러고는 배에 태워 중국 톈진으로 보내 버리는 납치를 감행했다. 흥선 대원군 재집권 33일 만의 일이다.

흥선 대원군 납치 나흘 후 임오군란에 가담한 구식 군인들은 청나라 군대의 공격을 받아 170명이 체포되고 열한 명은 사형되었다. 창덕궁으로 돌아온 민비와 민씨 일파는 군란에 가담한 군인들을 색출하여 처형하고 흥선 대원군 일파를 숙청했다. 군란이 이렇게 마무리되자 고종은 새로운 정치를 펼치겠다고 선언했다.

고종의 새 정치는 주로 제도 개혁에 초점을 맞추었다. 근대화를 담당할 기구를 설치하고 화폐 주조, 무기, 무역을 담당할 세부 기구를 신설했다. 하지만 정치의 성격은 크게 달라지지 않았다. 민씨 집안과 그 측근들이 신설 기구의 업무를 담당하고 여전히 자신들의 권력 유지에 무게를 싣고 정치에 참여했기 때문이다.

임오군란 후 달라진 점이 있다면 청의 내정 간섭이 시작되었다는 것이다. 민씨 정권이 청나라의 도움으로 재집권하자 청은 조선의 정치에 간섭하기 시작했다. 군대를 주둔시키고 정치에 도움을 주겠다며 고문을 파견했다. 군사 고문 위안스카이, 내정 고문 마건상, 외교 고문으로는 독일인 묄렌도르프가 파견되었다. 하지만 이들은 청의 명령을 받아 움직이며 조선에 피해를 주었다. 일례로 묄렌도르프는 청의 명령에 따라 새로운 화폐인 당오

조선의 공복을 입은 묄렌도르프. 고종은 백성들이 서양인
으로 생각하지 않게 하려고 공복을 입도록 했다(그림 7).

전을 발행했는데, 이로 인해 조선의 경제는 크게 교란되고 물가
가 요동쳤다.

한편 일본은 임오군란으로 피해를 입었다며 조선에 배상금을
요구했고, 군란을 일으킨 군인들이 일본 공사관을 습격한 사실을
들먹이며 공사관을 방어한다는 이유로 군대를 주둔시켰다. 이로
써 청나라와 일본의 군대가 주둔하게 되면서 조선은 두 나라 군
대의 각축장이 되었다.

임오군란은 개화 과정에서 나타날 수 있는 근대화에 대한 저
항, 민씨 정권의 사리사욕과 무능력, 구식 군인에 대한 차별 등이
원인이 되어 발생했다. 그리고 그 과정에서 많은 사람이 목숨을
잃거나 피해를 입었다.

급진 개화파의 혁명은 왜 3일 만에 막을 내렸을까?

개화의 사전적 의미는 '폐쇄적 사상이나 낡은 문물이 새롭게 진보한다'는 뜻이다. 즉 개화파란 폐쇄적 사상을 버리고 새로운 사상을 받아들이는 무리, 낡은 문물을 버리고 신문물을 받아들여 사회를 진보시키려는 무리라고 해석할 수 있다. 이런 개화파가 우리나라에서는 1870년대를 전후하여 등장했는데 그들은 누구이고 어떤 활동을 했을까?

개화파의 등장

우리나라의 개화파는 박규수, 오경석, 유흥기로부터 시작되었다고 할 수 있다. 그중 박규수는 《열하일기》를 쓴 박지원의 손자로 유명하다. 박지원은 조선 시대 후기에 사신으로 청나라에 드나들며 발달된 문물을 직접 경험했다. 원래 조선에서는 여진족(만주족이라고도 부른다)이 세운 청나라를 미개한 나라로 여기고 중국으로 인정하지 않았다. 미개한 여진족에게는 배울 것이 없다고 생각했다. 하지만 청나라에 다녀온 박지원은 청나라의 발전된 모습에 놀라움을 금치 못하며 그 모습을 배워야 한다고 주장했다.

그것은 박지원 혼자만의 생각이 아니어서 박지원처럼 청나라로부터 필요한 것을 배우자고 주장한 사람들이 있었으니, 그들을 '북학파'라고 부른다. 할아버지 박지원의 영향으로 새로운 문물에 관심을 갖게 된 박규수는 베이징 사신으로 청을 오가면서 발전상을 눈여겨보았다. 그런 베이징이 제2차 아편 전쟁 때 영국과 프랑스의 공격을 받고 처참히 무너지는 것을 보며 박규수는 서양의 문물과 기술에 관심을 가졌다. 그리고 평안도 관찰사 시절 미국의 상선 제너럴셔먼호가 평양까지 들어오는 것을 막아 낸 경험으로 문호 개방을 통해 부국강병을 이루어야 한다고 절감했다. 그러나 통상 수교 거부 정책을 펼친 흥선 대원군이 집권하고 있는 시기라 박규수는 그런 생각을 밖으로 드러내지 못했다.

한편 통역 일을 하는 역관으로 청나라에 열세 차례나 다녀온 오경석은 세계의 변화를 실감하며 상대적으로 뒤처진 조선의 현실을 비판적으로 바라보았다. 친구 유홍기와 그런 생각을 나누며 조선에 변화가 필요하다는 데에 뜻을 함께했으나 안타깝게도 둘에게는 중인이라는 신분의 벽이 있었다. 조선에서 중인은 전문 분야에 종사할 수 있으나 정치에는 관여할 수 없었다.

홍선 대원군 집권기이기에 개방과 개화에 관한 이야기를 할 수 없어 답답한 박규수와 신분의 한계로 정치에 참여할 수 없는 오경석, 유홍기는 당장 현실을 바꾸는 대신 인재 양성에 힘을 쏟았다. 양반 자제 중 젊고 유능한 인재를 모아 근대화와 관련된 공부를 시키며 개화의 필요성을 강조했다. 이때 참여한 양반 자제로는 안동 김씨 부사 김병기의 양자 김옥균, 판서 박원양의 아들이자 철종의 사위 박영효, 그의 동생 박영교, 참판 서상익의 아들 서광범, 서광범의 조카 서재필 등이 있다. 이들은 박규수, 오경석, 유홍기와 더불어 새로운 서적을 읽으며 개화파로 성장했다.

홍선 대원군이 물러나고 운요호 사건을 계기로 일본이 수교를 요구해 왔을 때 최익현을 비롯한 대다수 양반은 개항에 반대하고 나섰다. 그러나 박규수는 조약을 체결하고 일본과 수교를 맺어야 한다고 주장함으로써 강화도 조약을 맺는 데 영향을 주었다.

온건 개화파와 급진 개화파
강화도 조약이 맺어지고 문호가 개방되자 조선은 근대화 작업에 돌입했다. 먼저 근대화에 나선 나라에 사절단을 보내 개화의 방법과 내용을 배워 오게 했는데, 이때 파견된 사람들이 박규수·오경석·유홍기와 함께 학습한 개화파 인사들이다. 이들은 일본에는 수신사 및 조사 시찰단이라는 이름으로, 청나라에는 영선사로, 미국에는 보빙사로 파견되어 신문물을 견학하고 돌아왔다. 그리고 그 나라들을 모델로 삼아 조선에서의 근대 시설 설치를 주도했다. 하지만 이후 근대화를 추진하는 과정에서 개화파는 개화의 내용과 방향성을 두고 온건파와 급진파로 나뉘었다.

먼저 온건 개화파는 방법이나 속도 면에서 천천히, 무리 없이, 충돌을 일으키지 않고 개화를 진행하자는 입장을 견지했다. 김홍집, 김윤식, 어윤중이 대표 인물인 온건 개화파는 청나라식 근대화를 선호했다. 청나라는 정치의 틀은 바꾸지 않은 채 서양 기술만 도입하는 양무운동을 진행하고 있었다. 온건 개화파는 청의 양무운동처럼 국왕이 중심이 되는 정치의 틀을 그대로 두어야 왕실과 충돌이 없고, 그래야 근대화를 순조롭게 진행할 수 있다고 주장했다. 그 경우 근대화 속도는 느리지만 실패할 위험이 적고 충격 없이 자연스럽게 진행할 수 있다고 믿었다.

반면 급진 개화파는 메이지 유신을 모델로 삼는 일본식 근대화를 선호했고 김옥균, 박영효, 홍영식이 대표 인물이다. 이들은 서양의 기술을 받아들이는 것만으로는 진정한 근대화가 불가능하므로 정치의 틀 역시 서양식으로 바꾸어야 한다고 주장했다. 정치에 변화를 주고 틀을 바꿀 경우 고종과 민씨 가문이 반발하겠지만, 그들과 싸워서라도 변화를 꾀하는 것이 중요하다고 생각했다. 그리고 정치의 틀을 바꾸기 위해서는 민씨 가문을 지원하는 청나라와의 사대 관계도 끊어야 한다며 청나라를 적대시했다.

근대화 과정과 방법에 대해 온건 개화파와 급진 개화파가 이견을 보이는 가운데 권력의 핵심인 민씨 가문은 온건 개화파 인사들을 선호했다. 민씨 가문은 자신들의 정치권력은 그대로 인정해 주면서 근대화를 추진하고자 하는 온건 개화파와 손잡고 개화 정책을 주도해 나갔다. 급진 개화파는 당연히 그들의 개화 방법과 속도에 불만이 많았다.

3일 천하로 끝나 버린 갑신정변

김옥균 등 급진 개화파 인사들은 1874년경부터 개화당을 형성하여 근대 국가 건설을 위한 개혁을 추진했다. 하지만 권력을 잡은 민씨 세력의 근대화 정책은 지지부진하여 급진 개화파의 불만은 쌓여만 갔다. 그즈음 발생한 임오군란은 급진 개화파의 마음을 더욱 불안하게 했다. 근대화에 불만을 제기하며 구식 군대가 임오군란을 일으키자, 근대화를 주도하는 민씨 세력은 비슷한 일이 또 벌어질까 두려워 조심스러워졌고 그로 인해 근대화 속도가 더 느려졌기 때문이다.

게다가 임오군란 이후 내정 간섭을 하는 청나라는 개화파 세력이 추진하는 근대화 운동을 궁극적으로는 청나라로부터 벗어나고자 하는 활동으로 보고 탄압하기 시작했다. 그 결과 김옥균과 개화당 세력의 정치적 입지는 한층 좁아질 수밖에 없었다.

민씨 정권의 답답한 근대화 속도와 청의 탄압과 위협은 급진 개화파로 하여금 새로운 길을 모색하도록 만들었다. 즉 근대화를 민씨 정권에 맡기기보다 자신들이 정권을 잡아서라도 추진해야 한다는 의견이 힘을 얻게 된 것이다. 문제는 청나라였다. 군대를 주둔시키고 있는 청나라가 민씨 정권을 비호하고 있어 급진 개화파가 자신들의 뜻을 행동으로 옮기기란 쉽지 않았다.

마침내 급진 개화파에게 기회가 찾아왔다. 청나라와 프랑스 간에 전쟁이 발발하면서 조선에 주둔해 있는 청나라 군대의 절반이 본국으로 소환된 것이다. 임오군란이 발생하고 약 2년 만의 일이다. 이를 하늘이 준 기회라고 여긴 급진 개화파는 자신들이 근대화를 주도하기 위해 정변 곧 쿠데타를 계획했다.

이미 만약의 사태에 대비해 군사를 양성한 급진 개화파는 청나라 군대가 조선에 들어오기 전에 쿠데타를 진행하기로 했다. 우연히 이 계획을 알게 된 일본 대사가 김옥균에게 접근하여 일본이 급진 개화파의 쿠데타를 지원하겠노라고 제안했다. 병력과 지원금을 약속받은 김옥균은 더 이상 쿠데타를 미룰 이유가 없어 1884년 12월로 예정된 우정총국 개국 축하연을 디데이로 정했다.

1884년 12월 4일 우정총국 개국 축하연에서 쿠데타를 일으킨 급진 개화파는 고종과 민비를 창덕궁에서 경우궁으로 옮기고 보수 세력을 처단했다. 뒤이어 급진 개화파 인사들로 신정부를 구성하고 12월 5일 새로운 정부가 수립되었음을 국내외에 선포하고 각국 외교관을 초청하여 개혁 정치가 실시될 것을 알렸다.

예상치 못한 급진 개화파의 정변에 놀란 청나라는 개화파로 위장한 심상훈을 고종과 민비가 있는 경우궁으로 보내 대책을 의논했다. 민비가 김옥균에게 경우궁이 비좁다며 창덕궁으로 환궁을 요청했고 고종도 이에 동조했다. 이 요구에 김옥균은 창덕궁은 너무 넓어 자신들의 군대로 방어할 수 없다며 거부했다. 그때 일본은 자신들의 군대라면 청나라 군대가 창덕궁에 쳐들어와도 막을 수 있다고 장담했다. 김옥균은 일본을 믿고 고종과 민비의 거처를 창덕궁으로 옮겼다.

신정부는 새로운 개혁 정치의 내용이 담긴 정강을 공포했다. 12월 6일 새로운 정강이 공포되고 주요 장소에 게시되었다. 하지만 같은 날 청나라 군사 1,500명이 창덕궁을 공격했다. 청의 공격에 창덕궁을 지키는 군대는 전사자 수십 명을 내며 어이없이 무릎을 꿇고 말았다. 개화당 군대는 무너졌어도 창덕궁 내부에는

일본군이 있기에 청나라는 일본 군대의 방어를 뚫어야 했다. 그러나 일본 군대는 제대로 전투에 임하지 않는 것은 물론 청군이 들어온다는 소식에 철수를 준비했다. 결국 청나라 군대는 손쉽게 창덕궁을 점령하고 갑신정변은 3일 천하로 끝났다.

이 과정에서 홍영식, 박영교 등은 청나라 군대에 살해되고 김옥균, 박영효, 서재필, 서광범 등 아홉 명은 일본으로 망명했다. 근대화를 위해 정변을 일으키고 새로운 정부를 수립하는 듯했으나 허무하게 3일 천하로 끝나 버렸다. 그리고 급진 개화파는 사실상 몰락의 길을 걷게 되었다.

갑신정변의 개혁 내용과 좌절 원인

갑신정변을 일으켜 새로운 나라를 세우려 한 급진 개화파는 평소 자신들이 믿던 신념에 따라 나라를 이끌 정강을 발표했다. 이 정강은 12월 6일 아홉 시경 공포·게시된 뒤 그날 오후 세 시부터 적용됨을 선언했다. 그러나 바로 그 시각에 청나라 군대가 창덕궁으로 쳐들어와 정변이 좌절되는 바람에 정강은 실시되지 못했다. 당시 발표된 정강은 80여 개 조항이었으나 현재는 14개 조항만 전해진다. 전해지는 정강의 내용 가운데 핵심적인 것으로는 인민 평등, 지조법(땅을 대상으로 부과하는 조세) 개정, 국가 재정 관리의 일원화 등이 있다. 인민 평등은 문벌을 폐지하여 가문보다 실력에 따라 인재를 뽑는다는 것이 주된 내용이며, 지조법 개정은 탐관오리의 학정을 막기 위해 만들어졌다. 또 재정의 일원화는 국가 재정을 투명하게 운영함으로써 조세를 부당하게 사용하지 못하도록 하기 위한 것이었다.

이 정강을 통해 조선의 기존 틀을 깨뜨리고 새로운 정치를 펼쳐 새로운 나라를 만들고자 한 급진 개화파 인사들의 바람을 엿볼 수 있다. 그래서인지 이후 진행된 근대화 운동에서는 갑신정변 때 발표된 정강의 내용이 자주 언급된다. 비록 실패로 끝났지만 갑신정변의 주장은 근대화 운동의 표본과 같은 역할을 했다.

이러한 갑신정변이 3일 만에 실패로 끝난 원인은 여러 가지 있지만, 첫 번째로 급진 개화파가 국제 정세에 무지했음을 들 수 있다. 김옥균과 급진 개화파는 정변을 도와주겠다는 일본의 약속을 철썩같이 믿었다. 평소 일본 대사와 교류도 잦고 그들의 문물을 견학하며 일본을 깊이 신뢰한 급진 개화파이기에 당연히 자신들을 도와줄 것이라고 판단했다. 그러나 결정적 순간에 일본군이 배신함으로써 맥없이 무너지고 말았다. 청나라와 마찬가지로 일본 역시 조선을 식민지로 만들어 지배하고 싶어 하는, 조선을 이용하려는 나라라는 사실을 급진 개화파는 알지 못했다.

갑신정변이 좌절된 두 번째 원인으로는 백성의 공감을 얻지 못했다는 점을 들 수 있다. 급진 개화파 인사들은 새로운 나라를 꿈꾸며 혁신적인 정강을 발표했지만, 일반 백성은 정변이 일어났다는 사실도, 새로운 정책 내용이 무엇인지도 모르는 이가 많았다. 즉 백성의 동의를 얻고 그들의 요구를 반영한 정변을 준비하는 대신 자신들의 신념만 내세웠기에 민심을 얻지 못했다. 바로 이 점 때문에 갑신정변이 쉽게 무너진 것이라고 할 수 있다.

급진적 근대화를 추구한 갑신정변이 3일 만에 그것도 청나라 군사의 개입으로 실패하자, 조선에 대한 청나라의 내정 간섭은 더더욱 강해졌다. 청나라의 도움으로 자리를 지킨 고종과 민비는 청나라의 명령을 거부할 수 없었다. 이 모습을 지켜보는 일본은 초조해졌다. 한반도를 정벌하고 조선을 식민지로 만들겠다는 계획을 일찌감치 세운 일본의 입장에서 청의 영향력이 커지는 것은 곧 조선을 식민지로 만들지 못할 수 있다는 뜻과 같았기 때문이다. 일본은 청나라에 한 가지 제안을 했다. 조선 안에 일본 군대와 청나라 군대가 같이 들어와 있는 것은 서로 충돌할 위험이 있으니 동시에 철군하고, 만약 두 나라 중 어느 한 나라가 조선에 파병할 일이 생기면 나머지 한 나라의 군대도 같이 파병하자는 것이었다.

마침 청나라는 이런저런 국제전에 휘말려 있어 군대를 조선에 계속 두기 곤란한 상황이었다. 그렇다고 조선에 일본 군대가 들어와 있는데 군대를 본국으로 불러들이자니 마음에 걸렸다. 조선에서 일본의 영향력이 커지는 것을 원치 않은 것이다. 이런 마당에 두 나라 군대가 동시에 철군하는 것은 손해가 아니므로 청은 일본과 톈진 조약을 맺고 합의했다(1885년).

청과 일본은 톈진 조약에 따라 군대를 동시에 철수하여 한동안 군사적 충돌을 피할 수 있었다. 하지만 10년 뒤 청의 군대가 조선에 들어오자 톈진 조약에 따라 일본도 조선에 파병하면서 두 나라는 결국 전쟁에 휘말렸다. 청일 전쟁이 발발한 것이다. 그러나 톈진 조약이 맺어질 당시 이 조약이 청일 전쟁 발발의 신호탄이 될 줄은 아무도 예상하지 못했다.

조선의 양반들은
왜 근대화를
거부했을까?

근대화 시기 아시아 국가 대부분은 개항을 하고 서구 세력과
접촉하며 개화하는 과정에서 부작용을 경험했다. 이전에 접해 보
지 못한 신문물에 대한 거부, 물가 상승, 일자리의 변화 등이 발
생했기 때문이다. 우리나라도 예외는 아니어서 개화에 대한 반발
로 임오군란과 같은 사건이 벌어졌다. 이 시기 조선에는 서양 세
력이 접근해 오는 것을 보며 개항과 개화에 줄기차게 반대하는
세력이 있었는데 이들을 '위정척사파'라고 부른다. 위정척사란
무엇이며 이들은 어떤 사람들일까?

위정척사 사상이란

위정척사는 '바른 것을 지키고 사악한 것은 물리친다'는 뜻으로, 유학의 한 갈래인 성리학에서 체계화한 사상이다. 성리학에서는 겉으로 드러나는 모습보다 본성이 중요하다고 여겼다. 그러므로 모든 사물의 본질을 살피는 것이 중요하며, 이 본질을 판단하는 근거로 바른 것은 지키고 사악한 것은 물리친다는 위정척사의 개념이 생겨난 것이다.

이처럼 위정척사라는 말은 좋은 의미를 담고 있으나 무엇을 바른 것으로 보고 무엇을 사악한 것으로 보느냐에는 주관적인 생각이 담기므로 시대와 상황에 따라 다르게 해석될 수 있다. 조선 시대 후기 위정척사를 주장하는 사람들은 조선의 제도와 사상을 바른 것으로, 서양 문물을 사악한 것으로 보았다. 그들의 입장에서는 서양 세력을 저지하는 것이야말로 올바른 것을 지키고 나라를 구하는 일이었다.

그렇다면 누가 이런 주장을 했을까? 위정척사라는 개념이 성리학에서 나왔다는 사실에서 알 수 있듯이 위정척사 사상가들은 성리학을 공부한 학자들이다. 조선 시대 유학자들은 성리학을 바탕으로 형성된 조선의 정치와 사회 제도, 질서 등을 옳은 것으로 인식했다. 따라서 조선의 질서를 부정하는 서양 사상은 사악한 것이므로 배척해야 하는 대상이다.

성리학을 공부한 위정척사 사상가들이 서양 사상을 사악한 것으로 인식하게 된 데에는 천주교의 영향력이 컸다. 정조 재위 시기 중국에서 전래된 천주교는 권세가 약한 양반 가문을 중심으로 전파되기 시작했다. 특히 여성이 많이 믿었는데 그 이유 중 하나가 평등사상이다. 신분제라는 불평등한 제도, 남녀 차별을 당연시하는 유교 질서 속 몰락한 양반이나 부녀자 들에게는 천주교가 제시하는 평등 논리는 긍정적으로 받아들여질 수밖에 없었다.

반면 성리학을 신봉하고 조선의 질서를 중시하는 유학자들은 혹세무민한다며 천주교를 금기시했다. 유학자들에게 천주교를 비롯한 서양 사상은 조선의 가치와 질서를 무너뜨리는 사악한 것에 지나지 않았다. 이런 유학자들이 모여 위정척사파를 형성했으니 그들은 서양과 무역을 하는 것도 서양 문물을 받아들이는 것도 절대 해서는 안 되는 위험한 일로 여겼다.

위정척사파의 대표 인물

위정척사파를 실질적으로 조직하고 이끈 선구자 격 학자로는 기정진과 이항로를 꼽을 수 있다. 기정진은 병인양요 당시 서양인을 금수(짐승)로 규정하고 서양을 배척해야 한다는 상소를 올린 인물로 유명하다. 또한 서양은 경제적으로 동양을 침략할 것이라며 개항과 개국에 적극 반대했다.

기정진의 이러한 사상은 송병선과 기우만이 이어받았다. 송병선은 〈벽사론〉을 지어 서양 학문을 배격해야 하고 강화도 조약 체결에 반대한다는 입장을 밝혔다. 기정진의 손자 기우만은 을미사변 후 일본의 만행을 알리고 일본에 저항하기 위해 의병을 일으킨 인물이다.

위정척사 사상가의 또 다른 대부 이항로는 병인양요 때 올린 상소에서 서양과는 절대 화의를 맺을 수 없다며 맞서 싸워 물리쳐야 한다는 주장을 펼쳤다. 천주교를 이단 사설로 규정하고 기정진과 마찬가지로 서양의 경제적 침략을 우려하여 서양 제품의 구입과 사용을 금지하자는 의견을 제시했다. 나라를 지키고 백성을 위하는 정치를 해야 함은 물론 우리 문화에 대한 자존 의식을 가져야 한다는 이항로의 주장은 위기 상황에 대한 올바른 대응으로 인식되었다. 그리고 제자들이 이항로의 주장을 실천에 옮기면서 그의 사상은 위정척사 사상의 주류가 되었다.

이항로의 제자로는 김평묵, 유중교, 최익현이 있으며 그 가운데 최익현은 유생들의 정신적 지주로 성장했다. 정치를 계속하려던 흥선 대원군이 최익현의 상소 때문에 하야할 정도로 그 영향력은 대단했다. 그는 왜양일체론을 주장하며 강화도 조약 체결에 반대하고 을사늑약이 체결될 때는 의병장이 되어 유생들을 이끌고 일본에 저항했다. 의병 운동을 하다가 체포되어 쓰시마(대마도)에 유배된 후 일본인이 주는 음식은 먹지 않겠다며 거부하다 결국 죽음에 이른 일화는 널리 알려진 이야기다.

위정척사 운동의 흐름과 영남 만인소

위정척사 운동은 시대 상황에 따라 그 형태를 조금씩 바꾸어 갔다. 서양 국가들의 통상 요구가 빗발치는 시기인 1860년대에는 그에 맞서 통상 수교 거부 운동을 펼쳤다. 더 나아가 서양 국가들과 화의하지 않고 전쟁으로 맞서 싸우겠다는 척화주전론을 내세웠다. 1870년대는 일본이 강화도 조약을 강요한 시기인데, 최익현을 중심으로 하는 척화주전론자들은 이에 맞서 왜양일체론을 주장했다. '왜양일체'는 왜와 서양(왜양)은 한 몸이라는 말이다(일체). 따라서 왜양일체론은 일본과 서양은 둘 다 똑같이 침략 의도를 지니고 있으니 절대 교류하지 말자는 주장이다.

1880년대에는 이만손을 중심으로 한 영남 만인소 활동이 위정척사 운동을 이끌었다. 1882년 조선에 소개된 《조선책략》에는 조선이 러시아의 남하를 막으려면 청, 일본, 미국, 이렇게 세 나라와 친하게 지내야 한다고 서술되어 있었다. 개화파와 조선 정부가 그 논리에 따라 미국과 수교를 맺으려 하자 그것을 저지하려고 한 활동이 영남 만인소다.

영남 만인소란 '영남 지역 사람 1만 명이 올린 상소'라는 뜻으로, 실제로 상소에 서명한 사람은 1만 명이 넘었다고 한다. 그들은 상소문에서 "미국은 우리가 원래 잘 모르던 나라입니다. 쓸데없이 다른 사람의 종용을 받아 우리 스스로 미국을 끌어들여 풍랑과 바다의 온갖 험난함을 무릅쓰고 건너와서 우리 신하들을 피폐하게 하고 우리 재물을 자꾸 없앨 것입니다. 만에 하나 우리의 허점을 엿보고 우리의 약함을 업신여겨 응하기 어려운 청을 강요하거나 계속 댈 수 없는 비용을 떠맡긴다면 장차 어떻게 대응하겠습니까"라며 미국과의 수교를 저지하려 했다.

1890년대 이후 위정척사 운동은 항일 의병 운동으로 변모한다. 일본이 청일 전쟁을 기점으로 조선을 식민지화하려는 야욕을 드러내자, 위정척사 사상을 신봉하는 유생들은 의병장이 되어 일본 군대에 맞섰다.

이처럼 위정척사 사상가 대부분은 개항과 문물 교류에 반대하면서 조선의 기존 질서를 지키려 했다. 그러한 생각과 행동은 당시의 국제적 흐름을 충분히 파악하지 못한 구세대적 판단임이 틀림없다. 그럼에도 위정척사 사상가들의 생각과 행동이 모두 틀린 것은 아니다. 서양이나 일본의 침략 의도, 그로 인해 발생할 수 있는 경제적·정치적 위기를 정확하게 예측한 것은 위정척사 사상가들이었다.

그리고 그들은 말로만 애국을 외치지 않고 실천에 옮겼다. 칼

한번 만져 보지 못한 양반 출신임에도 일본에 대항하고자 의병장이 되어 목숨을 걸고 싸웠다. 보수적이고 시대에 뒤처진 면이 있는 것은 부인할 수 없지만, 모든 생각과 행동이 자신의 이익이 아닌 나라를 위한 것이고 말로만 애국을 외치지 않고 먼저 희생하는 솔선수범을 보였다는 점에서 위정척사파의 의미를 되짚어 볼 필요가 있다.

영국의 불법 점령 거문도 사건

개항 이후 근대화 과정에서 민씨 정권은 청나라에 지나치게 의존하는 모습을 보였다. 그러나 갑신정변 이후 청의 간섭이 심해지자 청으로부터 벗어나고 싶어 했다. 문제는 청나라 대신 의지할 나라가 마땅히 없다는 데 있었다. 일본을 견제하며 자신들의 정권을 안전하게 유지하기에 청나라만큼 좋은 나라가 없었다. 그때 눈에 들어온 나라가 러시아다.

러시아와 교류가 없는 조선 입장에서 러시아는 낯선 나라였다. 게다가 《조선책략》에서는 러시아의 남하를 조심하라고 경고하고 있어 러시아와의 만남은 조심스러웠다. 그러나 청을 견제할 세력을 끌어들일 필요가 있다고 판단한 고종은 러시아에 접근했고, 러시아는 카를 베베르를 조선 공사로 파견했다. 그러자 조선이 러시아와 밀약을 추진하고 있다는 소문이 돌았다.

이 소문에 가장 먼저 반응을 보인 나라는 청도 일본도 아닌 영국이다. 세계 곳곳에서 러시아와 대립하고 있는 영국은 러시아의 남하를 저지하겠다며 조선에 군대를 보내 불법으로 거문도를 점령하는 사건을 일으켰다. 거문도를 점령한 영국군은 영국 국기를 게양하고 수뢰를 부설하고 제방을 쌓는 등 전쟁 준비를 하며 섬 전체를 요새화했다. 영국의 거문도 불법 점령 소식을 접한 조선 정부는 직접 나서서 해결하기보다 다른 나라들이 나서 주기를 바라며 각국 공사관에 협조를 요청했다.

하지만 조선의 기대와 달리 다른 나라들의 태도는 미온적이었다. 청나라는 영국이 러시아를 견제해 주는 상황을 은근히 반기며 사건에 적극적으로 대처하지 않았고, 일본은 청나라나 러시아가 조선을 침략하느니 차라리 영국이 낫다고 판단하여 거문도 불법 점령에 반대 의사를 표명하지 않았다.

이에 영국은 거문도를 조차(다른 나라의 땅을 빌려 사용하는 것)할 계획을 세우고 청나라와 협상에 들어갔으나, 청나라의 외교 담당자 이홍장이 강력하게 반대하고 나섰다. 이홍장은 영국이 거문도를 조차할 경우 조선이 국제 분쟁 지역이 될 것이고, 그렇게 되면 청나라에 이로울 게 없다고 판단했다. 게다가 영국이 거문도를 조차하면 자신들은 제주도 등 조선의 영토를 점령하겠다고 러시아가 선언하자, 영국으로서는 거문도를 조차하는 것이 부담스러워졌다.

영국의 거문도 조차를 비난하는 국제 사회의 목소리가 커져 갈 즈음 아프가니스탄에서 대립하던 영국과 러시아 사이에 평화 협정이 맺어지면서 러시아를 견제하기 위해 거문도를 점령했다는 영국의 명분은 힘을 잃었다. 그리고 영국 해군의 자체 조사에서 거문도는 군항으로 사용하기에 적합하지 않다는 결론이 내려졌다. 이에 영국은 거문도를 다른 나라가 점령하지 않는다는 보장만 있으면 철수하겠다는 의사를 밝혔다.

청나라의 이홍장은 영국의 이러한 의사를 러시아에 전달했고 영국군은 거문도를 점령한 지 2년여 만에 물러갔다. 이렇게 영국과 러시아가 동시에 조선에서 물러남으로써 조선 침략의 야욕을 갖고 있는 러시아의 행보에는 제동이 걸리게 되었다. 반면 거문도 사건을 해결하면서 조선에서 청의 영향력은 더욱 강화되었다.

중립화론의 대두

거문도 사건은 조선이 열강들의 대결의 장이 되었음을 보여 준 사건이다. 영토가 작은 한반도 하나를 두고 청과 일본에 이어 러시아, 영국까지 뛰어들어 각축전을 벌인 것이다. 이처럼 조선을 둘러싼 국제 정세가 심상치 않게 돌아가자, 열강 간 전쟁을 방지하고 조선을 지킬 방안으로 조선 중립화론이 제기되었다.

조선 중립화론을 주장한 대표적 학자는 유길준이다. 유길준은 조선이 미국과 수교를 맺은 후 미국을 방문한 사절단 보빙사 일행 중 한 명이었다. 미국에 남아 공부하기를 원한 유길준은 보빙사 대표 민영익의 허락을 받아 미국에서 유학했다. 그러나 유길준은 갑신정변이 일어나자 급진 개화파라는 이유로 강제로 조선에 소환되어 유폐되었다. 바로 그때 거문도 사건이 발생했다.

유길준은 조선을 열강이 보장하는 중립 국가로 만들 구상을 했다. 일본에 망명 중인 김옥균도 조선 중립화론을 주장했다. 하지만 유길준과 김옥균의 조선 중립화론은 받아들여지지 않았다. 갑신정변으로 급진 개화파에 대한 신뢰가 깨진 고종과 조선 왕실에서 그들의 주장을 받아들일 리 없었다. 또한 조선을 둘러싸고 있는 열강들 역시 조선이 중립국이 되는 데에 반대하여 조선 중립화론은 추진되지 못했다.

그런데 유길준보다 앞서 조선의 중립화 방안을 논의한 사람들이 있다. 조선에 외교 고문으로 와 있던 묄렌도르프와 조선 주재 독일 영사 헤르만 부들러다. 갑신정변 직후부터 조선 중립화를 논의한 두 사람이지만 구체적인 방안에 대해서는 생각이 달랐다. 묄렌도르프는 청·일본·러시아 3국이 보장하는 벨기에식 중립화안을, 부들러는 스위스식 영세 중립국안을 구상했다.

부들러는 조선 중립화를 공식적으로 제안하기 위해 정치인이

자 온건 개화파 인물 김윤식을 만났다. 그러나 김윤식은 청이 이유 없이 전쟁을 일으킬 리 없고 일본 또한 평화 정책을 추진하므로 중립화론은 필요 없다며 제안을 거부했다. 결국 조선에 영향력이 약한 독일인 두 사람의 조선 중립화론은 탁상공론에 그친 채 조선 정부와 열강들의 관심을 받지 못했다.

중립국으로 만드는 것이 과연 당시 조선이 처한 위기를 극복할 수 있는 근본적 대안이 되었을지는 알 수 없다. 조선이 중립화되었다고 해서 상황이 나아졌으리라는 보장은 없다. 그렇지만 조선 중립화론을 대하는 조선 정부의 태도에는 아쉬움이 남는다. 조선이 중립화론을 가볍게 여긴 것은 주변을 둘러싼 열강들이 조선을 침략하지 않을 것이라는 판단 때문이었다. 결과적으로 그 판단은 어긋나 조선은 일본의 식민지가 되었다. 중립화론이 제기될 만큼 위태롭다는 사실을 조금 더 일찍 깨달았더라면 하는 아쉬움이 남는다.

러시아의 남하와 크림 전쟁

영국과 프랑스 등 유럽 열강은 17세기 말부터 영토 분쟁에 나서 군사력을 강화하고 넓은 땅을 통치하며 경제적으로 발전했다. 반면 근대화 속도가 더디던 러시아는 표트르 대제 때에 이르러서야 비로소 국력을 신장해 나갔다.

세력 확장을 꾀하는 러시아에 가장 필요한 것은 겨울에도 얼지 않는 항구 부동항이었다. 러시아가 부동항 확보를 위해 진출할 수 있는 지역은 동쪽의 시베리아 방면, 서쪽의 발트해 연안, 남쪽의 흑해 연안, 이렇게 세 군데였다. 이 가운데 동쪽은 청나라, 서쪽은 영국의 견제에 막혀 진출이 여의치 않다고 판단한 러시아는 흑해 연안으로 진출을 꾀했다. 흑해 방면에는 서아시아 최강국 오스만 튀르크가 버티고 있지만 오스만 튀르크의 힘이 점차 약화되고 있어 해 볼 만하다고 생각한 것이다.

1762년 러시아 황제에 즉위한 예카테리나 2세는 오스만 튀르크와의 전쟁에 돌입했다. 당시 유럽의 많은 열강이 오스트리아 왕위 계승 전쟁, 7년 전쟁, 미국의 독립 전쟁 등으로 정신이 없는 터라 이 전쟁에 어떤 나라도 간섭하지 못할 것으로 판단했다. 이 예상은 적중하여 러시아는 오스만 튀르크와의 두 차례에 걸친 전쟁에서 모두 승리하며 흑해 연안과 크림반도를 점령했다.

오스만 튀르크의 지배를 받고 있는 그리스가 1821년 독립 전쟁을 일으키자, 러시아는 자신들과 같은 종교를 믿는 그리스를 보호한다는 명분 아래 전쟁에 개입했다. 이때 러시아가 전쟁에 이겨 세력이 커질까 염려한 영국과 프랑스도 전쟁에 합류했다. 결국 그리스가 전쟁에 승리하며 독립을 쟁취했지만, 러시아는 영국과 프랑스의 견제 때문에 원하는 만큼 세력을 확장하지 못했다. 전쟁이 끝난 후 보스포루스 해협과 다르다넬스 해협의 독점 항해권을 얻었을 뿐 영토를 넓히는 데에는 성공하지 못한 것이다.

러시아는 또 다른 전쟁을 통해 세력을 키우려는 시도를 멈추지 않았다. 그런데 그때마다 영국이 나서서 러시아를 방해했다. 러시아가 부동항을 얻기 위해서는 좀 더 남쪽으로 영토를 넓혀야 했으나, 러시아의 세력이 커지는 것을 견제하는 영국은 러시아가 가는 곳곳마다 길목을 차단했다.

마침내 두 나라는 크림반도에서 충돌했다. 러시아가 자신들의 지배를 받는 몰다비아와 왈라키아 공국을 점령하자 오스만 튀르크는 러시아를 공격했고, 영국은 오스만 튀르크를 지원하겠다며 전쟁에 뛰어들었다. 프랑스 역시 오스만 튀르크 지원을 선언하면서 전쟁은 러시아 대 연합국의 형태를 띠게 되었는데, 이것이 크림 전쟁(1853~1856년)이다.

전쟁 초반 러시아는 선전하며 승기를 잡았으나 영·프 연합군이 러시아 남서부 지방을 에워싸듯 공격하며 기세를 올리자 고전하기 시작했다. 여기에 가까이 지내는 오스트리아가 몰다비아와 왈라키아 공국을 자기 나라에 넘기라고 요구하면서 러시아는 한층 불리해졌다. 러시아 혼자 영국, 프랑스, 오스만 튀르크, 오스트리아, 네 나라를 상대해야 하는 상황이 되어 버린 것이다.

이에 러시아가 선택한 곳은 세바스토폴 요새다. 오랫동안 군항이자 도시 자체가 요새로 활용된 곳이라 세바스토폴은 쉽게 점령당하지 않을 것으로 보았다. 실제로 영·프 연합군은 이곳을 무너뜨리기 위해 최강의 부대를 파견했지만 번번이 좌절했고 전쟁 중 콜레라가 퍼지면서 희생자는 점점 늘어났다.

349일간이나 지속된 세바스토폴 전투는 마침내 영·프 연합군의 승리로 끝이 났고, 러시아가 연합군의 제안을 수용하며 3년여에 걸친 크림 전쟁은 막을 내렸다. 그리고 흑해 방면으로 진출하려던 러시아의 계획은 좌절되었다.

크림 전쟁은 전투와 전염병이 겹치며 어마어마한 사상자를 낸 전쟁으로 알려져 있는데 이 전쟁에서 활약한 사람이 바로 나이팅게일이다. 런던 숙녀 병원 간호 부장인 플로렌스 나이팅게일은 영국 《타임스》에 실린 크림 전쟁 소식을 읽고 군인들을 치료하기 위해 전장으로 향했다. 전쟁터에 도착하자마자 나이팅게일은 야전 병원을 세워 국적을 가리지 않고 부상병을 치료했다. '백의의 천사'로 불린 나이팅게일은 지금까지 모든 간호사의 상징으로 여겨지고 있다.

크림 전쟁은 유럽 국가 간 작은 전쟁이었음에도 막대한 사상자를 내며 큰 손실을 남겼다. 이 전쟁을 계기로 유럽 각국은 새로운 무기와 전략을 연구하게 되어 그 후 현대전이 등장했다고 한다. 그리고 영국과 러시아의 대립과 갈등은 이후에도 계속되었고 그중 하나가 우리나라에서 일어난 거문도 사건이다.

제2장

한반도를 둘러싼
열강의 대립이 시작되다

청과 일본은
왜 조선에서
전쟁을 벌였을까?

강화도 조약 체결 후 일본은 조선을 자신의 영향력하에 두기 위해 갖가지 조치를 취했다. 경제적 이권을 독점하는가 하면 배상금을 요구하고 군대를 주둔시켰다. 그러나 모든 게 일본 뜻대로 되지는 않았는데 조선을 노리는 다른 나라, 즉 청나라가 있었기 때문이다. 이에 일본과 청, 두 나라는 조선을 둘러싸고 신경전을 벌이다가 이윽고 전쟁에 돌입했다. 청일 전쟁이 일어난 것이다.

동학이란

동학은 '동쪽의 학문'이라는 뜻으로, 서학에 반대되는 의미로 만들어진 말이다. 조선 시대 후기 천주교는 서학이라는 이름으로 소개되어 몰락한 양반과 부녀자를 대상으로 전파되기 시작했다. 서학, 다시 말해 천주교는 양반을 중심으로 하는 조선의 신분 질서와는 반대되는 새로운 세계관을 소개했기에 양반 사회에서 소외된 계층에게 긍정적인 대안으로 인식되며 환영받았다.

그렇지만 천주교를 강하게 거부하는 사람들이 많았는데 그 이유는 천주교가 제사 의례에 반대했기 때문이다. 조선을 비롯한 동아시아 국가들은 유교 질서를 바탕으로 성장했고, 그런 유교 질서 가운데 하나가 조상에게 제사를 지내는 것이다. 유교에서 제사는 후손이 마땅히 실천해야 할 예절이자 조상님의 은덕을 입은 후손이 행해야 하는 당연한 절차로 여겼다. 그런데 천주교는 제사를 지내며 조상에게 절하는 것이 우상 숭배라며 반대했다. 천주교의 이러한 주장을 받아들일 수 없는 동아시아 각국은 천주교를 추방하거나 박해했고 조선도 마찬가지였다.

사회 분위기가 이렇다 보니 조선의 대다수 백성인 농민들은 천주교가 주장하는 양반 중심의 사회에서 벗어난 새로운 세계관에는 동의하는 한편 천주교에는 거부감을 품었다. 이에 유교도 천주교도 아니면서 농민들이 잘살 수 있는 이상 사회 건설을 목표로 하는 새로운 사상이 요구되었고 그때 탄생한 것이 동학이다.

동학을 창시한 사람은 최제우다. 최제우는 몰락 양반의 서자 출신이므로 관직에 오를 수 없었다. 그는 산천을 떠돌며 여러 학문을 공부하고 유교, 불교뿐 아니라 서학, 무속 등을 접하며 다양한 경험을 한 끝에 그것들을 접목하여 동학을 창시했다. 최제우가 말하는 동학의 핵심은 시천주 사상이다. 시천주 사상이란 절대적 존재인 하늘의 주인, 곧 천주를 마음에 모셔야 한다는 것이다. 누구나 똑같은 인간이며 천주를 마음에 정성으로 모시기만 하면 잘살 수 있다는 최제우의 사상은 평등 개념을 담고 있으면서도 교리가 쉬워 빠른 시간 안에 많은 농민에게 전파되었다.

기존의 양반 질서를 부정하고 평등을 주장하는 동학을 위험천만한 사상으로 여긴 조선은 동학을 혹세무민으로 규정하고 금지했으며 동학 창시자 최제우를 처형했다. 하지만 탄압에도 동학의 교세는 점차 확장되었다. 게다가 동학교도들은 교조 최제우의 억울함을 풀어 달라는 교조 신원 운동까지 벌이며 시위를 전개했다.

조선 정부의 탄압에도 제2대 교주 최시형을 중심으로 교세를 넓힌 동학은 농민들의 절대적 지지를 받으며 성장했다. 신도 수가 늘어나자 '접'이라는 조직을 만들어 활동했는데 전라도 지역에 있는 접은 '남접', 충청도 지역에 있는 접은 '북접'으로 불렸다. 신도 수가 많다 보니 접은 수십 개가 넘고 각 접은 접주가 중심이 되어 활동을 이끌었다.

동학 농민 운동의 발단 고부 농민 봉기

동학 농민 운동이란 동학을 믿는 농민들이 일으킨 봉기를 뜻한다. 여기에는 동학 신자들만 참여한 것은 아니다. 삶이 도탄에 빠져 있어 더 이상 잃을 게 없는 농민들이 살아 보겠다며 일으킨 것이 동학 농민 운동으로, 동학을 믿는 것과는 무관하게 농민 스스로 봉기를 일으킨 사건이다.

이런 동학 농민 운동의 발단이 된 사건이 고부 농민 봉기다. 고부는 지금의 전라북도 정읍 지역의 옛 지명으로, 교통의 요지이자 곡창 지대로 많은 백성이 모여 사는 전라도의 중심지 중 하나였다. 더욱이 이곳의 쌀 생산량은 국가 재정에 영향을 미칠 정도로 막대하여 고부 지역에 파견된 관리 중에는 쌀을 몰래 빼돌리는 부정을 저지르는 경우가 비일비재했다.

고부 민란이 발생할 당시 고부 군수는 조병갑이었다. 조병갑은 지독한 탐관오리로 개인의 사리사욕을 위해 농민들을 수탈하는 것은 기본이고, 있지도 않은 세목을 만들어 조세를 걷는 등 학정을 일삼았다. 경제적으로 넉넉한 농민이 있으면 어떻게든 죄목을 만들어 감옥에 가두고 고문한 후 선처를 베푸는 척하며 돈을 뜯어내고, 국가에 바칠 조세로 거두어들인 쌀을 돈으로 바꾸어 가로채고 대신 질 나쁜 쌀을 한양에 보내기도 했다.

이런 조병갑의 학정에 대한 불만은 만석보 사건으로 터지고야

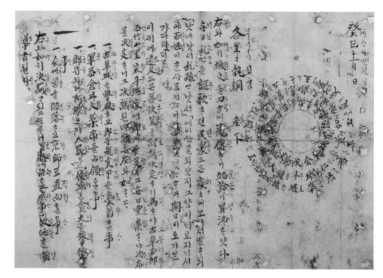

동학 농민 운동 당시 전봉준을 비롯한 22명이 작성한 사발통문. 고부성을 격파하고 군수 조병갑을 효수할 것, 군기창과 화약고를 점령할 것, 인민을 침어(침탈)한 탐관을 격징할 것 등의 내용이 있다 (그림 8).

말았다. 고부 지역 농민들은 생활과 농사에 필요한 용수를 확보하기 위해 동진강에 만석보를 지어 활용했다. 그런데 고부에 부임하는 군수들은 너나 할 것 없이 그 물을 사용하는 농민들로부터 세수를 걷어 들였기에 문제가 되고 있었다. 조병갑도 예외는 아니었는데 그는 한 술 더 떠 많은 세수를 확보하려고 필요하지도 않은 보를 만들겠다며 농민들에게 별도의 조세를 걷었다.

도저히 참을 수 없는 지경에 이른 농민들은 시정을 요구했으나 조병갑은 받아들이지 않았다. 이에 동학 남접의 접주 중 한 명인 전봉준은 다른 접주 20명과 함께 사발통문(주모자가 누구인지 모르게 하기 위해 사발을 엎어 놓고 그린 원을 따라 서명하는 사람들의 이름을 적은 통문. 통문은 사람을 모으기 위해 알리는 글을 이른다)을 작성하여 봉기를 약속했다. 결국 전봉준을 비롯한 농민들은 고부 관아를 습격하여 조병갑이 불법으로 걷은 쌀을 되찾아 농민들에게 돌려주고 해산했다.

조병갑은 도망쳐 전라 감사 김문현에게 봉기가 발생했음을 보고했다. 김문현의 보고로 봉기 사실과 조병갑의 학정을 알게 된 조선 정부는 조병갑을 파면하고 신임 군수 박원명과 안핵사(조선 시대 후기의 임시 관직. 지방에 어떤 사건이 발생했을 때 그 일을 조사·수습하러 파견했다) 이용태를 고부에 보냈다. 그런데 이용태는 이번 봉기를 동학교도들이 벌인 난동이라 여기고 동학교도들을 잡아 감옥에 가두었다.

동학 농민군의 봉기와 전주 화약

안핵사 이용태의 탄압에 화가 난 동학교도들은 전봉준을 중심으로 봉기할 것을 결의했고, 전봉준은 다른 접주들과 함께 무장(지금의 전라북도 고창)에서 봉기를 선언했다. 전봉준은 봉기의 목적을 탐관오리 숙청과 보국안민이라고 밝혔고, 이 봉기에 동학교도들뿐만 아니라 수많은 농민이 호응하여 열흘 남짓에 1만여 명이 동참했다.

이렇게 모인 사람들은 백산에 집결하여 행동 강령을 발표하고 본격적인 봉기에 돌입했다. 동학 농민군의 봉기 소식에 전라 감사 김문현은 관군을 이끌고 진압에 나섰지만, 황토현 전투에서 크게 패하고 말았다. 이를 알게 된 조선 정부는 홍계훈을 대장으로 하여 관군을 투입했다. 하지만 전주에 입성한 관군은 동학 농민군의 선전에 사기가 떨어져 심지어 도망가는 군인이 속출했다.

이에 홍계훈은 병력 증원과 더불어 청군에게 도움을 요청하자는 의견을 정부에 전달했다. 결국 증원군이 파견되어 황룡촌에서 전투를 벌였으나 역시 동학 농민군이 승리를 거두고 관군은 전주에서 물러났다. 동학 농민군은 여세를 몰아 전주성까지 함락하며 기세를 높였다. 이후 정부는 한편으로는 동학 농민군을 공격하면서 한편으로는 불법 지방관의 징계를 약속하는 등 협상을 제시했다.

전주성을 함락했지만 여러 전투를 치르며 패하거나 승리하기를 반복하는 과정에서 동학 농민군이 입은 타격도 만만치 않았다. 이에 전봉준은 정부의 타협안을 받아들여 정부와 동학 농민군 사이에 전주 화약이 맺어졌다. 전주 화약에 따라 정부는 동학 농민군이 요구한 탐관오리 숙청, 외국 상인의 횡포와 국내 특권 상인 배격, 미곡의 국외 유출 방지 등을 약속했고 동학 농민군은 해산하여 각자 고향으로 돌아갔다.

전라북도 정읍에 있는 황토현 전적 갑오 동학 혁명 기념비. 황토현은 동학 농민군이 처음으로 승리를 거둔 곳으로, 이곳에서 관군을 이긴 동학 농민군은 기세가 높아져 전주까지 장악하게 된다(그림 9).

동학 농민군과 관군 모두 철수하며 전쟁은 진정되었지만 전라도 지역 일대의 치안과 행정은 무너졌고 복구는 쉽지 않았다. 그러자 전라 감사 김학진은 전봉준에게 관민이 합세하여 지방 행정을 안정시키자며 도움을 요청했다. 이에 전봉준과 동학교도들은 전라도 각지에 집강소를 설치했다. 집강소는 동학교도가 각 읍의 집강이 되어 지방의 치안과 행정을 담당한 민정 기관이다. 집강소에서는 동학 농민군이 요구하는 탐관오리 숙청, 토지 재분배, 노비 해방 등 폐정 개혁을 추진했다.

이렇게 집강소가 설치되고 농민들의 요구가 행정에 반영되기 시작하면서 봉기는 마무리되고 모든 갈등이 해결되는 듯이 보였다. 하지만 그때 누구도 예상하지 못한 일이 일어났다.

청일 전쟁의 발발

동학 농민군이 한창 기세를 올리고 있을 때, 관군의 힘으로는 동학 농민군을 막을 수 없다고 판단한 조선 정부가 청나라에 도움을 청했다. 청은 전주 화약이 맺어질 즈음 조선에 지원군을 보냈다. 그리고 청나라는 톈진 조약에 의거하여 이 사실을 일본에 알렸다. 톈진 조약은 갑신정변이 끝난 후 청나라와 일본이 맺은 조약으로, 두 나라 모두 당시 조선에 주둔하고 있는 군대를 본국으로 돌려보내는 대신 이후 어느 한 나라가 조선에 군대를 보내게 되면 상호 간에 연락하기로 한 약속이다. 이에 조선에는 청나라 군대와 일본 군대가 모두 들어오게 되었다.

이후 조선 정부는 청나라에 도움을 요청한 이유인 동학 농민군의 봉기가 진압되고 전주 화약이 맺어져 일이 해결되자 청나라와 일본에 철병을 요구했다. 하지만 청나라와 일본 모두 군대를 돌려보내기는커녕 오히려 두 나라 사이에 전운이 감돌기 시작했다. 일본은 철병하는 대신 조선의 개혁을 도와주겠다며 강제로 경복궁으로 들어와 기존 관료들을 물러나게 한 후 친일 인사들로 새 내각을 구성했다. 그리고 이틀 후 선전 포고조차 없이 청나라 군대를 공격하여 청일 전쟁을 일으켰다(1894년).

전쟁이 시작되고 채 두 달이 지나지 않아 일본이 평양 전투에서 대승을 거두었고, 그 결과 청은 압록강 건너로 후퇴했다. 평양 전투 다음 날 치러진 황해 해전까지 승리한 일본은 중국 본토로 진격했다. 사실상 청나라 군대가 조선 땅에서 물러난 것이다.

일본은 노골적으로 조선에 내정 간섭을 시작했다. 정치를 함에 있어 자신들의 지시를 따르게 하고, 조선의 영토를 일본의 전쟁 기지처럼 활용하여 군수 물자를 가져와 쌓아 두고 물자 수송에 조선 사람들을 동원했다.

제2차 봉기와 시모노세키 조약 체결

청일 전쟁이 발발하고 일본이 국토를 유린한다는 소식에 동학 농민군이 다시 일어섰다. 제2차 봉기가 일어난 것이다. 제1차 봉기는 탐관오리의 처벌과 낡은 봉건 질서를 개선하는 것이 목적이었던 반면, 제2차 봉기는 외세, 특히 일본 축출이 목적이었다. 이에 제2차 봉기는 반일을 전면에 내세웠다. 제2차 봉기에는 남접뿐만 아니라 북접도 참여했다. 충청도 지역인 북접 사람들이 참여하면서 제1차 봉기보다 참여자 수가 훨씬 많아졌다.

한편 제2차 동학 농민군 봉기 진압에는 일본군과 조선 관군이 함께 나섰다. 일본군은 자신들을 몰아내기 위한 봉기이기에 진압에 나서는 것이 당연했다. 그러나 조선 관군은 반일을 외치는 동학군과 싸울 이유가 없었다. 그럼에도 봉기 진압에 나선 것은 내각이 이미 친일 세력으로 채워져 있어 동학군을 반란군으로 규정했기 때문이다. 동학 농민군은 일본군과 조선 관군 모두를 상대로 싸워야만 했다.

동학 농민군은 먼저 공주를 공격하며 봉기를 시작했으나, 일본군과 조선 관군 연합군에게 곧 밀렸다. 아무리 사람이 많고 의지가 강해도 일본의 선진 무기를 당해 낼 수는 없었다. 결국 동학 농민군은 공주 우금치 전투에서 대패하고 전봉준을 비롯한 대장들이 잡히면서 제2차 봉기는 끝나고 말았다.

동학 농민군을 가볍게 제압한 일본은 중국의 진저우성과 뤼순을 잇따라 공격하여 뤼순 주민과 포로 약 6만 명을 학살하고 시가지를 불태우는 만행까지 저질렀다. 전쟁에 참패한 청나라는 일본에 사절단을 보내 강화 조약을 맺었다. 일본 시모노세키에서 청과 일본 두 나라가 강화 조약을 맺었기 때문에 이를 '시모노세키 조약'이라고 부른다. 시모노세키 조약으로 일본은 어마어마한 배상금을 받아 내고 중국 영토 일부를 빼앗았다. 이때 랴오둥반도, 타이완, 펑후를 빼앗고 쑤저우 등 네 개 항구는 개항하기로 약속받았다. 이로써 일본은 조선에서 청을 몰아내고 우위를 차지하고 배상금과 땅을 획득하는 성과까지 올렸다. 이제 조선이 일본의 식민지가 되는 건 시간문제였다.

생존을 위한 방곡령

조선의 농민들이 유독 일본에 반감을 가진 데에는 그만한 이유가 있다. 개항 이후 일본이 우리나라의 쌀을 대량 유출함에 따라 많은 농민이 식량 부족을 경험했기 때문이다. 일본 상인들의 곡물 반출로 식량난에 봉착한 조선의 관리들은 방곡령을 내려 해결하려 했다. 방곡령이란 그 지방의 곡물이 타 지방이나 타국으로 유출되는 것을 지방관이 금지하는 조치다. 일본은 대부분의 방곡령에 대해 실시 1개월 전 통보해야 한다는 절차상의 문제를 제기하며 반발했고, 그때마다 조선 정부는 방곡령을 해제했다.

하지만 정부의 명령에도 지방관이 방곡령을 철회하지 않아 일본과 외교적 마찰이 빚어진 사건이 있었는데 이를 '방곡령 사건'이라고 한다. 대표적인 방곡령 사건은 1889~1890년 사이에 황해도와 함경도에서 일어났고 모두 지방관이 정부의 방곡령 해제 명령을 어기고 일본 상인들의 곡물 유출을 금지하면서 일어났다. 그러자 일본 정부는 손해 배상을 청구했고 조선은 거액의 배상금을 지불해야만 했다.

내용만 보면 지방관이 잘못한 것처럼 보이지만 실상은 그렇지 않다. 일본 상인들의 끊임없는 곡물 반출로 지역 백성들의 생존이 위협받자, 이를 막기 위해 지방관이 방곡령을 고집한 것이 사건의 배경이다. 다시 말해 지방관은 지역 백성들을 위해 어쩔 수 없는 선택을 한 것이다.

당시 조선 정부는 힘도 없고 무능하여 일본과의 외교에서 주도권을 잡지 못하고 있어 거액의 배상금을 지불했고, 방곡령이 선포되기 전보다 상황은 더 악화되는 결과를 낳고 말았다.

관료의 무능을 드러낸 양무운동

청일 전쟁에서 일본에 패하면서 청나라는 근대화에 성공하지 못한 뒤처진 나라로 인식되었다. 하지만 청나라가 근대화를 위해 노력하지 않은 것은 아니다. 무려 30년 넘게 근대식 무기를 도입하고 국방력을 강화하고자 애썼으나, 그 활동이 실패로 돌아간 것이다. 대체 청나라에는 무슨 일이 있었을까?

1840년 아편 전쟁이 일어나기 전까지 청나라는 아시아 국가들의 조공을 받으며 동아시아 최강국의 자리를 지키고 있었다. 하지만 두 차례 일어난 아편 전쟁에서의 패배와 문호 개방으로 서양 상품이 유입되자, 청나라 농민들의 생활은 나날이 피폐해져 갔다. 이에 홍수전이 중심이 되어 농민들을 이끌고 새로운 나라를 세워 보겠다며 반란을 일으킨 것이 태평천국 운동이다.

아편 전쟁에서 패한 뒤 서양 열강과의 전쟁에서 연이어 패한 청나라 군대는 태평천국군조차 진압하지 못할 만큼 무기력했다. 반면 태평천국군은 중국 남부를 중심으로 우리나라 몇 배에 해당하는 드넓은 땅을 통치하는 세력으로 성장하며 승승장구했다.

이때 지방에 있는 한인 관료를 중심으로 서양의 무기와 군사 기술을 도입해서라도 태평천국 운동을 진압해야 한다는 움직임이 일었다. 이들은 서양 열강에 도움을 요청하고 무기를 지원받아 태평천국군과 싸워 나갔다. 태평천국 운동을 진압하는 데 성공한 한인 관료들은 서양의 선진 기술을 받아들여 중국의 근대화를 꾀하자는 양무운동을 벌였다.

양무운동은 증국번, 이홍장 등 지방의 한인 관료들이 주도했는데 이들은 '중체서용'이라는 기치를 내걸었다. 중체서용이란 중국[중]의 몸[체]으로 서양[서]의 도구를 사용한다[용]는 뜻을 지닌 말로, 중국의 기본 체제는 그대로 둔 채 서양의 앞선 기술을 수용하겠다는 의지의 표현이다. 청나라는 서양의 기술 가운데 군사 기술 및 군수 산업과 관련된 기술 도입을 원했기에 무기와 장비 및 군사 시설에 대한 집중 투자를 계획했다.

먼저 서양식 무기를 만들 수 있는 공장을 설립했다. 상하이의 강남제조총국, 난징의 금릉기기국, 푸저우의 선정국, 톈진의 톈진기기국 등 4대 공장을 시작으로 지방에 24개 군수 공장이 건설되었다. 그리고 군수 물자 생산에 필요한 석탄과 철 등 광물을 원활하게 공급하기 위해 근대적 채광 시설을 갖춘 광업 발전을 꾀했다.

해군을 강화하고자 영국과 독일에서 군함을 구입하고 유능한 지휘관 양성을 위한 학교를 설립하는 한편, 외국 교관을 초빙하

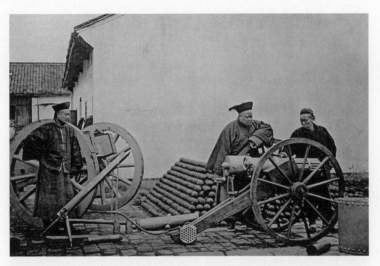

1865년 이홍장이 세운 난징의 금릉기기국. 청나라는 태평천국 운동을 진압하면서 서양 무기의 우수성에 눈떠 이 같은 군수 공장을 세웠으며, 금릉기기국에서는 대포와 화약 등을 생산했다(그림 10).

여 서양식 군사학을 교육했다. 우수한 학생을 선발하여 서양에 유학 보내 군사와 무기를 연구하도록 했으며, 해운업 발달을 위해 정부가 주도하는 기선 회사를 세웠다.

이러한 양무운동은 1861년 시작되어 30년 넘게 지속되며 중국의 군사력 강화를 위해 힘썼다. 하지만 1884년 청프 전쟁과 1894년 청일 전쟁에서 모두 패하면서 양무운동은 실패했음이 증명되었다. 결국 청일 전쟁 직후 양무운동은 중단되었다.

30년이 넘는 긴 시간 동안 군비 확장 및 군사력 강화라는 한 가지 목표만 바라보고 진행된 양무운동이 성공하지 못한 이유는 무엇일까? 군대를 서양식으로 바꾸는 양무운동은 돈과 노력이 많은 드는 사업이었다. 그만큼 재정 지원이 절실했지만 청나라 정부는 이에 소극적이었다. 또한 최고 권력자 서 태후는 양무운동의 필요성을 느끼지 못해 일관되지 못한 정책을 운영함으로써 양무운동의 효율성을 떨어뜨렸다.

무엇보다 가장 결정적인 이유는 체제는 그대로 두고 무기만 서양식으로 바꾸고자 한 양무운동의 기본 목표인 중체서용에서 찾을 수 있다. 중국의 봉건적 전통 체제는 유지한 채 서양의 근대적 도구만 도입해 사용하는 것이 이론으로는 가능해도 실질적 성과를 내는 것은 불가능했다. 아무리 도구가 좋아져도 그것을 활용하는 정치인이 바뀌지 않는 한 좋은 결과를 이끌어 낼 수 없다.

양무운동은 무기를 서양식으로 바꾸고 군수 물자를 생산하는 데에는 어느 정도 성공했을지 모르지만, 정치는 여전히 무능한 관리들에 의해 움직였다. 구시대의 부패 관리들이 낡은 방식으로 군대를 통솔하고 무기를 사용했으니 뛰어난 무기가 있다 한들 큰 성과를 얻기에는 역부족이었다. 결국 청일 전쟁에서 대패함으로써 양무운동의 한계와 청나라 관료의 무능이 드러났고 양무운동은 좌절되었다. 이로써 청나라의 근대화는 차질을 빚게 되었고 서양 열강에 많은 이권을 빼앗기는 등 반식민지 상태에 놓이고 말았다.

일본이 갑오개혁을
강요한 이유는
무엇일까?

동학 농민군 진압을 위해 조선 정부가 청군에 지원을 요청하자 텐진 조약에 따라 일본군도 조선에 들어왔다. 조선은 양국에 철군을 요청했으나 일본군은 조선 정부의 요구를 무시한 채 경복궁으로 난입해 새로운 개혁을 강요했다. 이것이 바로 갑오개혁이다.

경복궁으로 밀고 들어온 일본군

조선 정부의 요청을 받고 입국한 청나라 군대는 전라도로 이동하려는 계획을 철회했다. 하지만 일본은 철군은커녕 청나라를 공격하여 청일 전쟁이 발발했다. 조선은 전쟁에 개입하지 않겠다고 중립을 선언했으나, 일본군은 이에 아랑곳없이 조선의 개혁을 도와주겠다며 경복궁으로 밀고 들어왔다. 경복궁에 난입한 일본군은 기존 관리를 물러나게 하고 친일 인사들로 내각을 구성했다. 또한 10년 전 발생한 갑신정변의 실패로 일본에 망명해 있는 개화파 인사들을 불러 모아 그들을 앞세워 개혁을 시도했다.

이 과정에서 일본이 가장 먼저 한 일은 동학 농민군과의 약속을 이행하기 위해 조선 정부가 세운 개혁 기구인 교정청을 폐지하고 군국기무처라는 기구를 만들어 개혁을 담당하게 한 것이다. 이로써 조선 정부의 자발적 개혁 기구인 교정청 대신 일본의 간섭을 받는 군국기무처가 개혁을 주도했다. 김홍집 등 개화파 인사들로 구성된 군국기무처는 갑신정변, 동학 농민 운동의 요구사항들을 담은 새로운 개혁을 단행했다. 하지만 독자적 개혁이라기보다는 일본이 원하는, 일본의 요구를 받아들인 개혁이 주를 이루었다.

일본의 강요로 시작된 제1차 갑오개혁

청일 전쟁을 일으키고 일본군이 경복궁으로 난입하자, 동학 농민군은 일본에 철군을 요구하며 제2차 농민 봉기를 일으켰다. 일본군은 막강한 군사력과 신무기를 앞세워 동학 농민군을 제압하고는 조선의 개혁에 간섭하는 동시에, 청나라를 압도하는 군사력으로 청일 전쟁에서 승기를 잡아 갔다. 즉 일본은 제2차 동학 농민군 제압, 조선의 개혁 간섭, 청일 전쟁 참전, 이 세 가지를 동시에 진행했는데 모두 일본의 뜻대로 이루어질 만큼 당시 일본의 기세는 대단했다.

이 기간 동안 일본의 간섭하에 군국기무처를 중심으로 이루어진 개혁이 제1차 갑오개혁이다. 군국기무처는 김홍집을 비롯한 17명의 의원으로 구성된 임시 합의 기관이다. 이곳에서는 행정, 사법, 교육, 사회 등 사회 전반의 문제를 검토하여 전근대적 내용을 개선하고 개혁을 추진했다.

제1차 갑오개혁에서는 우선 정치 제도 개편을 단행했다. 정치를 담당하는 기구들의 이름을 바꾸고 역할을 변형하는 식으로 개혁이 이루어졌는데, 핵심 내용은 국왕의 권한을 제약하고 궁중 부서들의 권한을 축소하는 것이었다. 대신 새롭게 정치를 이끌어 갈 개혁 인사들의 정치권력을 강화했다. 그리고 연호를 제정하여 공문서에 연호 사용을 의무화했다. 원래 연호란 황제가 정하는 것으로 인식되어 있어 조선에서는 청나라 황제가 정한 연호를 사용했는데, 제1차 갑오개혁에서 조선의 독자적 연호를 제정한 것이다. 이는 조선이 청나라의 간섭에서 벗어났을 뿐 아니라 청과 대등한 나라라는 것을 선포하기 위한 조치였다.

이외에도 근대화 조치가 시행되었는데 그 주된 내용은 과거제 폐지, 문무 관리 차별 폐지, 인재 등용에서 문벌과 신분 타파, 사노비 혁파 등이다. 이는 우리나라 역사상 최초로 신분제가 없어지는 개혁이었고, 나아가 봉건적 시험 제도인 과거제 역시 폐지함으로써 신분과 무관하게 능력에 따라 인재를 등용하겠다는 의지로 풀이할 수 있다.

또한 봉건적 악습인 조혼을 금지하고 여성의 인권을 지키기 위해 청상과부의 재가를 허용했다. 그 밖에 조세의 금납화와 은 본위제도 실시했다. 이는 농작물, 옷감, 화폐 등 여러 가지로 세금을 거두어들여 혼란스럽던 수취 제도를 은 본위 화폐로 통일함으로써 투명한 경제를 만들고자 한 노력이다. 이처럼 제1차 갑오개혁에서는 조선의 발전에 도움이 될 내용을 담고자 애썼다. 일본의 간섭하에 이루어진 제1차 갑오개혁에서 이런 일이 가능했던 까닭은 일본이 러시아, 영국 등 열강의 눈치를 보느라 개혁에 간섭하는 것을 최소화했기 때문이다. 이 틈을 타 개화파 인사들은 반봉건적 개혁을 시도하고 근대화를 이루기 위한 사회 제도를 마련하고자 애썼다.

하지만 한계도 있었다. 군국기무처에 모여 개혁을 추진한 인사들은 민씨 정권의 탄압으로 정치에서 밀려났다가 일본군의 후원에 힘입어 재집권한 세력이므로 일본이 원하는 방향으로 개혁을 진행할 수밖에 없었다. 그래서 어쩔 수 없이 일본인 고문관 및 군사 교관의 초빙, 일본 화폐의 조선 유통 허용, 방곡령 반포 금지 등도 제1차 갑오개혁에 포함되었다. 또한 일본군과 합세하여 동학 농민군을 진압한 것 역시 이들의 결정이다.

개혁의 성과는 미미했다. 집권 세력인 양반들의 반대에 부딪혀 제대로 시행되지 못했기 때문이다. 지배층의 특권을 줄이고자 한 개혁에 양반들의 반대 움직임이 거세게 일었다. 게다가 조선 정부는 개혁을 추진할 만한 능력이 부족해 제1차 갑오개혁은 큰 성과를 내지 못한 채 지지부진했다.

박영효의 독주로 끝난 제2차 갑오개혁

제1차 갑오개혁을 추진한 군국기무처의 활동은 지나치게 급진적이라는 이유로 정계에 잠시 복귀한 흥선 대원군으로부터 거센 반발을 받았다. 유생들도 흥선 대원군을 중심으로 군국기무처의 개혁에 저항하여 개혁의 실행은 사면초가였다. 이즈음 청일 전쟁에서 승기를 잡은 일본은 조선에 이노우에 가오루를 주한 일본 공사로 부임시키고 새로운 개혁을 추진했는데, 이것이 제2차 갑오개혁이다.

조선에 부임한 이노우에는 흥선 대원군을 정계에서 은퇴시킴과 동시에 군국기무처를 폐지했다. 그리고 박영효를 내무 대신으로 임명한 후 제1차 갑오개혁을 이끈 김홍집과 연립 내각을 구성하여 개혁을 주도하도록 했다. 그리고 고종으로 하여금 홍범 14조를 반포하도록 했다. 홍범 14조의 주된 내용은 청나라와 절연, 국왕의 친정과 법령 준수, 왕비와 종친의 정치 간섭 배제, 내정 개혁 실시 등이다.

제2차 갑오개혁으로 일본은 조선을 식민 지배할 수 있는 기반을 마련하려 했으나, 러시아가 주축이 된 삼국 간섭으로 의도한 대로 실행하지 못했다. 이에 일본의 입지가 약화되는 등 상황이 변화하자, 박영효는 김홍집 일파를 몰아내고 과감하게 독자적인 개혁을 추진했다.

무려 213건에 이르는 개혁안을 제정한 박영효와 측근들은 새로운 개혁을 추진했다. 중앙 정부 기구를 간소화하고 지방 제도를 8도에서 23부로 개편했으며, 행정 체계를 바꾸고 근대적 군대와 경찰 제도를 확립할 법령을 제정했다. 사법권을 정치로부터 독립시키고 각종 재판소를 설치했으며 치안과 행정을 분리했다. 또한 신교육을 실시하기 위한 교육 입국 조칙에 따라 한성 사범 학교 관제와 외국어 학교 관제가 제정되고 양반 출신 114명을 일본에 유학 보냈다.

하지만 박영효의 이러한 파격적 개혁과 독주는 일본과 고종, 민씨 집안 모두의 반발을 불러일으켰다. 결국 반역을 도모했다는 죄를 뒤집어쓴 박영효가 다시 일본에 망명하면서 제2차 갑오개혁은 막을 내렸다.

평등을 위한 첫걸음 갑오개혁의 의의와 한계

갑오개혁은 우리나라 역사상 최초의 정부 주도 근대적 개혁이라고 할 수 있다. 또한 사회적 측면에서 볼 때 봉건제를 떠받쳐 온 신분제와 과거제를 폐지하고 유교 사회에서 인권을 존중받지 못한 청상과부의 재가를 허용하는 등 근대화의 상징이라 할 수 있는 평등을 향해 첫발을 내디딘 사건이다.

이러한 갑오개혁을 두고 두 가지 엇갈린 평가가 있다. 하나는 일본이라는 외세의 억압 때문에 어쩔 수 없이 진행된 수동적 개혁이라는 것이고, 다른 하나는 우리나라의 자발적 의지가 만들어낸 근대적 개혁이라는 것이다. 갑오개혁의 과정과 내용을 살펴보면 이 두 측면을 모두 갖고 있음을 알 수 있다.

먼저 내용을 떠나 출발이 잘못된 것은 사실이다. 동학 농민군과의 화약에 따라 조선 정부는 교정청을 만들고 자발적으로 반봉건적 개혁을 실시하려 했다. 그런데 일본은 강압적으로 경복궁을 점령한 후 교정청을 없애고 자신들이 개혁을 주도해 나갔다. 만약 교정청이 개혁을 주도했다면 속도는 더뎠을지 모르지만, 자발적으로 진행된 개혁이기에 구성원의 합의를 거쳐 자연스럽게 사회에 안착할 수 있었을 것이다. 그러나 일본이 개입하여 강제적으로 시작된 탓에 갑오개혁은 큰 반발에 부딪혀 어려움을 겪어야 했으며 실제로 그다지 성과를 거두지도 못했다.

그렇지만 갑오개혁은 여러 분야에서 의미를 가진다.

첫째, 정치적인 면에서는 양반 중심의 정치를 평민이 참여할 수 있는 정치로 바꾸었다. 능력에 따른 인재 등용과 과거제 폐지로 성리학을 공부하지 않은 일반 백성의 정치 참여가 비로소 가능해졌다.

둘째, 사회적인 면에서는 자유와 평등이 확대되었다고 할 수 있다. 노비제 폐지, 조혼 금지, 과부의 재가 허용 등은 봉건 질서에 가로막혀 자유롭게 살지 못하고 불평등한 대우를 받는 사람들에게 자유와 평등의 기회가 주어진 것으로 해석할 수 있다.

셋째, 경제적인 면에서는 근대적 발전이 있었다고 볼 수 있다. 은 본위 화폐 제도, 조세의 금납화 등 시장 경제가 확산될 수 있는 조치들이 취해진 것이다. 물론 이러한 제도가 생활에 반영되고 통용되기까지는 오랜 시간이 걸렸으나, 근대적·반봉건적 정책을 만들게 된 것은 일본의 강요가 아닌 우리의 자발적 노력 덕분이라고 할 수 있다.

다만 개혁 내용면에서 일본의 간섭 때문에 정작 우리에게 필요한 군사적 개혁을 이루지 못했다는 점은 아쉬움으로 남는다. 당시 조선이 열강의 침략을 막아 내려면 군사 제도의 개혁, 무기의 개선 등 군사적 측면의 개혁이 필수적이었다. 하지만 일본과 일본의 지원을 등에 업은 개화파 인사들은 군사 개혁에 소홀했고, 기득권인 보수층에서는 서양식 무기와 제도를 도입하는 군사적 개혁에 소극적이었다. 미약하게나마 이루어진 군사 개혁도 실상은 식민 지배를 용이하게 성취하기 위한 일본의 사전 작업이었다.

갑오개혁은 조선의 힘을 강하게 만들고 사회를 변화·발전시키기 위한 것이었으나 정말로 필요한 개혁이 시도되지 못한 점, 많은 정책이 쏟아졌지만 변변히 실행되지 못하고 도중에 중단된 점에서 미완의 개혁이다. 그로 인해 조선은 이렇다 할 근대화를 이루지 못하고 열강의 침략에 제대로 대응하지 못하면서 점점 더 막다른 궁지로 몰려 갔다.

일본은 왜 명성 황후*를 시해했을까?

* 당시 호칭은 왕후·중전·민비가 옳은 표현이나, 고종이 황제에 즉위함에 따라 민비의 칭호도 명성 황후로 수정되었다. 따라서 이 사건을 부르는 정식 호칭이 '명성 황후 시해'이기에 사건을 언급할 때는 민비 대신 명성 황후로 표현했다.

청일 전쟁이 일본의 승리로 끝나면서 청나라는 조선에서 완전히 물러났다. 조선을 두고 청과 신경전을 벌인 일본으로서는 비로소 온전히 조선을 차지할 수 있는 기회가 온 것이다. 하지만 러시아 때문에 일본의 뜻대로 돌아가지는 않았다. 러시아가 프랑스와 독일을 끌어들여 일본의 세력 확장을 가로막는 바람에 일본은 생각지도 못한 위기 상황에 빠지고 말았다. 그러자 일본은 이

상황에서 벗어나고자 명성 황후를 살해하는 극단적인 방법을 선택했다.

국모가 살해되다

1895년 10월 8일 새벽 일본군은 흥선 대원군과 그의 아들 이재연을 납치한 후 그들을 이끌고 경복궁으로 향했다. 새벽 다섯 시 무렵 경복궁에 다다른 일본군과 일본 낭인(떠돌아다니는 무사) 몇몇이 담을 넘어 경복궁의 정문인 광화문의 빗장을 풀었고 일본 군대가 경복궁 안으로 들어갔다. 뒤를 이어 흥선 대원군의 가마와 훈련대가 함께 들어갔다. 이 과정에서 총성이 울렸다.

같은 시각 조선군 300~400명이 경복궁 북문으로 진입해 오는 일본군을 막으려 했으나 역부족이었다. 사망자가 발생하는 비상사태에서 일본군은 경복궁의 모든 문을 봉쇄하고는 고종과 민비의 처소로 향했다. 일본군은 왕의 처소로 달려가 왕과 왕세자 및 그 측근을 붙잡았고, 민비의 처소로 향해 황후를 찾아다녔다. 신하들이 민비를 보호하려 했으나 민비의 사진까지 손에 쥔 일본 군인들은 민비를 찾아냈다. 민비는 뜰 아래로 뛰어내렸지만 일본군에게 죽임을 당했다. 혹시라도 민비를 놓치는 실수가 없도록 하려고 민비와 비슷하게 생긴 궁녀들까지 살해했다. 그리고 근처 숲속에서 민비의 시신을 불태웠다.

이것이 일본에 의해 명성 황후가 죽임을 당한 을미사변이 일어난 날의 상황이다. 대체 어떻게 이런 일이 벌어진 것일까?

통상적으로 을미사변은 조선에 파견되어 있던 일본인 공사 미우라 고로가 꾸민 일로 알려져 있다. 하지만 정말 미우라 혼자 이 일을 계획하고 실행했는지에는 의문스러운 점이 한둘이 아니다. 원래 주한 일본 공사는 이노우에 가오루였다. 그러나 러시아의 삼국 간섭 이후 이노우에를 대신할 미우라가 파견되었는데, 미우라는 부임한 지 37일밖에 안 된 상태에서 을미사변을 일으킨 것이다. 정말 부임하고 한 달 남짓한 상태에서, 아직 조선의 정서나 상황·지리도 미처 파악하지 못했을 미우라가 그런 일을 혼자 계획하고 실행에 옮겼을까?

게다가 미우라가 조선 공사로 부임하게 된 결정을 두고도 의견이 분분했다. 당시의 일본 총리 이토 히로부미는 이노우에의 추천으로 미우라를 조선에 보냈다고 했다. 반면 이노우에는 이토 히로부미가 결정했다고 했으며, 미우라는 이토 히로부미와 이노우에 가오루가 자신을 쫓아내듯 조선으로 보냈다고 했다. 이처럼 을미사변의 주모자로 알려진 미우라의 조선 파견부터 뭔가를 숨기는 듯한 정황이 있다.

사건이 벌어진 날 새벽 흥선 대원군을 납치해 경복궁으로 함께 들어간 일에 관해서도 여러 의견이 있다. 일본의 일부 학자는

명성 황후가 일본인에게 무참히 죽임을 당한 곳에 서 있는 명성 황후 조난지 표석. 1895년 10월 8일 경복궁에 난입한 일본인들은 명성 황후의 거처인 건청궁에서 시해했다. 이때 명성 황후는 마흔세 살이었다 (그림 11).

흥선 대원군이 명성 황후 살해에 적극 협조했다고 주장한다. 을 미사변은 명성 황후와 사이가 좋지 않은 흥선 대원군이 미우라 공사와 공모했고 일본 군인이 아닌 일본 낭인들이 벌인 일이니 일본 정부와는 무관한 일이라는 것이다. 즉 다른 나라 왕비의 잔인한 살해라는, 문명국에서는 절대 있을 수 없는 이 사건은 일본 정부가 저지른 것이 아니라 자국의 권력 다툼 결과 빚어진 비극이라는 뜻이다.

이러한 주장에 근거가 없다는 것은 일본 측 자료를 분석한 역사학자들에 의해 이미 밝혀졌다. 사건을 주도한 인물은 흥선 대원군이 아니라 일본군이라는 사실을 일본의 정직한 역사학자들

일본인의 손에 살해당한 지 2년 만인 1897년 치러진 명성 황후 국장. 고종의 아관파천, 원수를 갚기 전에는 장례를 치를 수 없다는 의견 등으로 장례가 연기되다 대한 제국 성립 후 명성 황후의 유해는 홍릉(서울시 청량리)에 모셔졌다. 국상 행렬 뒤로 보이는 대안문은 지금은 대한문으로 바뀐 덕수궁의 정문이다(그림 12).

은 인정하고 있다. 그렇다면 사건 당일 새벽 흥선 대원군과 그 아들을 납치하여 경복궁으로 데려간 이유는 무엇일까? 사건의 배후가 일본이 아니라 같은 조선 사람인 흥선 대원군이라고 주장하기 위한 사전 작업이었다고 볼 수 있다.

　을미사변이 벌어진 다음 날 민비의 죽음에 일본인이 가담했다는 소문이 나돌았다. 이에 일본은 을미사변이 흥선 대원군과 조선 왕후의 다툼으로 벌어진 일이라며 자신들과는 무관하다는 공식 입장을 내놓았다. 하지만 사건 당일 총성을 듣고 경복궁 주변을 관찰한 많은 사람 중에는 서양 외교관과 기자가 있었다. 그들은 일본군의 만행을 목격하고 그 사실을 해외 언론을 통해 알렸다. 일본 정부는 그제서야 미우라 공사가 을미사변에 연루되었음을 인정하고 철저한 진상 조사를 약속했다.

다른 나라의 왕비를 살해하는 일본의 야만 행위에 국제 사회의 비난이 쏟아졌다. 일본 정부는 하는 수 없이 미우라와 일본 군인 50여 명을 일본으로 소환하여 히로시마 감옥에 투옥했다. 하지만 국제 여론이 잠잠해지자 일본 정부는 '증거 불충분'을 내세워 모두 석방했다. 그뿐 아니라 석방된 미우라 고로가 도쿄에 도착했을 때 일본 국왕은 그의 노고를 치하했다고 한다.

이 같은 여러 정황으로 미루어 볼 때 을미사변은 만일의 경우 그 책임을 흥선 대원군에게 돌리기 위한 포석을 깔아 두는 등 일본 정부가 철저하고 치밀하게 준비한 명성 황후 시해 사건이다. 도대체 왜 일본은 그렇게까지 하면서 명성 황후를 죽이려 했을까?

조선을 둘러싼 일본과 러시아의 신경전 – 삼국 간섭

일본이 명성 황후를 시해한 이유를 알기 위해서는 청일 전쟁 직후 상황을 살펴보아야 한다. 청일 전쟁이 끝난 후 시모노세키 조약이 맺어지며 일본은 조선에서 청나라를 몰아내고 우위를 인정받아 만주로 진출할 교두보를 확보했다. 청나라로부터 랴오둥반도를 할양(국가 간 합의에 따라 영토 일부를 다른 나라에 넘겨주는 것을 이른다)받은 사실이 바로 그것이다.

일본은 자본주의가 발달하면서 원료를 공급받고 물건을 판매할 식민지가 필요했기에 조선을 식민지로 만들고 싶어 했다. 그리고 일본이 차지하고 싶은 땅은 또 있었다. 대륙으로 진출하고자 한 일본은 한반도, 만주를 통해 중국으로 진출할 계획을 세워 두고 있었다.

그러나 만주를 노리는 또 다른 나라 러시아가 있었다. 부동항을 확보하기 위해 남쪽으로 땅을 확장해야 하는 러시아는 시베리아 철도 건설을 통한 동아시아 진출을 모색하고 있었으므로 시베리아 철도가 통과할 만주를 반드시 손에 넣어야만 했다. 러시아로서는 조선까지 지배한다면 시베리아 철도를 조선까지 연결할 수 있고, 그렇게만 되면 동아시아에서의 입지는 굳건해질 것이기에 만주는 포기할 수 없는 땅이었다.

그런데 시모노세키 조약으로 만주와 연결된 랴오둥반도를 일본이 차지하자, 러시아는 일본을 견제할 필요가 있다고 판단하여 프랑스와 독일을 끌어들였다. 중국에서 더 많은 이권을 확보하려 애쓰고 있는 프랑스와 독일 입장에서도 일본의 힘이 너무 강해지는 것은 바람직하지 못했다. 이에 러시아·프랑스·독일은 시모노세키 조약이 일본에 일방적으로 유리하며, 일본이 랴오둥반도를 할양받는다면 동아시아에 혼란을 가중시킬 것이라며 이의를 제기했다. 이를 '삼국 간섭'이라고 부른다.

청일 전쟁에 이기며 의기양양하게 차지한 땅이므로 일본은 랴오둥반도를 내줄 생각이 추호도 없었다. 하지만 아직은 러시아와 프랑스, 독일을 상대로 이길 자신이 없는 일본은 어쩔 수 없이 랴오둥반도를 청나라에 돌려주었다. 이 사실을 알게 된 조선은 일본을 몰아낼 절호의 기회가 왔다고 여겼다. 때마침 조선에 있는 러시아 공사 베베르는 민비와 교류가 잦았으며, 민비는 베베르와의 친분을 이용해 일본 세력을 축출하고자 했다.

일본 공사 이노우에는 이러한 조선의 상황을 이토 히로부미에게 보고했다. 이 상황을 타결할 가장 좋은 방법은 러시아와 싸워 이기는 것이지만, 청일 전쟁을 막 끝낸 일본으로서는 러시아와 전쟁을 치를 여력이 없었다. 이에 이토 히로부미는 러시아를 상대하지 않고 조선 문제를 해결할 수 있는 가장 쉬운 방법, 다시 말해 러시아와의 연결 고리인 조선 측 인사 민비를 제거하는 방법을 택했다.

일본은 러시아와의 정면 대결 대신 을미사변을 일으킨 것이다. 을미사변으로 일본은 악화된 국제 여론을 감당해야 했지만, 조선에서 다시금 일본의 힘을 보여 줄 수 있었다.

또 한 번의 개혁과 단발령

을미사변으로 조선에서 자신의 힘을 다시금 과시한 일본은 재빠르게 새로운 개혁을 단행했다. 이를 '제3차 갑오개혁' 혹은 '을미개혁'이라고 일컫는다. 일본은 일단 친일 인사 김홍집을 중심으로 내각을 구성하여 개혁을 시작했다.

을미개혁의 주요 내용은 태양력 사용, 종두법 시행, 연호 건양의 사용, 소학교 설치, 단발령 공포 등이다. 이 조항들은 조선을 근대적으로 변화시키기 위한 개혁으로 지금의 시각에서 보면 근대화 과정에서 반드시 시행해야 하는 것들이다. 개혁을 주도한 개화파는 을미개혁의 목적을 조선이 전근대적인 모습에서 벗어나는 데에 두었다.

이러한 근대적 개혁을 일본이 주도한 진짜 이유는 역시 조선을 침략하기 수월한 나라로 만들기 위함이었다. 일본은 아시아 최초로 태양력을 사용하고 아시아에서 유일하게 지금의 초등학교 격인 소학교를 의무 교육으로 정하고 있었다. 이에 일본은 장차 조선을 식민지로 삼았을 때 지배하기 편하도록 일본과 똑같은 제도를 가진 나라로 만들고자 한 것이다.

그러나 을미개혁은 을미사변이 일어난 뒤 반일 감정이 극에 달한 상태에서 진행되어 민중의 지지를 받기 힘들었다. 게다가 파격적 개혁이라 할 수 있는 단발령에 대한 저항은 엄청났다. 위

정척사 사상가들의 정신적 지주 최익현은 단발령에 대해 "나의
목을 자를 수는 있으나 나의 두발은 자를 수 없다"라고 말할 정
도였다.

민비를 죽인 일본이 반성은커녕 급진적 개혁을 주도하는 것도
못마땅한데, 조선 사람들의 정서에 어긋나는 단발령이 시행되자
반발은 예상보다 컸다. 을미사변 이후 억눌려 있던 조선 사람들
의 감정은 마침내 폭발하여 의병 운동으로 이어졌다.

백성들의 저항 의병

근대화 시기 일본의 침략에 맞선 조선 사람들의 저항 방법 가운데 하나가 의병을 조직하여 일본군에 맞서 싸운 것이다. 조선에서는 의병이 여러 차례 일어났는데 최초의 의병은 을미사변과 그 뒤 감행된 을미개혁에 대한 반발인 을미의병이다.

전국에서 일어난 을미의병은 주로 유생들이 의병장이 되어 농민 병사를 이끄는 형태로 조직되었다. 을미의병의 주요 의병장으로는 제천의 유인석, 보은의 문석봉, 이천과 여주의 박준영·김하락, 춘천의 이소응, 강릉의 민용호 등이 있다. 이들 모두 양반 출신으로 일본이 을미사변을 일으키고 을미개혁을 주도한 데에 저항하여 거병했다. 이들은 단발령을 철폐하고 친일 내각을 퇴진시킨 후 일본군을 조선에서 몰아내고자 했다.

변변한 무기 하나 없이 우후죽순 격으로 들고일어난 의병이지만 의지와 전투력만은 대단했다. 특히 양반 의병장을 따르는 농민군 중에는 동학 농민 운동 당시 정규군과 전투한 경험이 있는 사람들도 있었다. 김홍집 내각을 지키는 정규군과 일본군 병력 상당수가 의병을 진압하기 위해 지방에 파병되었다.

따라서 경복궁에 머무는 군대의 수가 줄어들자 고종을 지키고 보호하려는 세력은 친미·친러파와 동조하여 고종을 러시아 공사관으로 피신시켰다(아관파천). 국왕이 러시아 공사관으로 피신하자 을미개혁은 힘을 잃었다. 국왕이 없으니 개혁 추진에 필요한 결재를 받을 수 없어 아무것도 할 수 없었기 때문이다. 나아가 친러 세력은 을미개혁을 주도한 개화파 인사들을 나라를 배신한 역적으로 몰아 처벌했다.

이렇게 을미개혁이 좌초되자 친러 세력은 단발령 철폐를 약속하며 을미의병의 해산을 권고했다. 이때 의병 내부에서도 여러 문제가 발생하고 있었다. 양반 출신 의병장과 농민 의병군 간의 신분적·정치적 갈등, 농번기가 다가옴에 따른 농민 의병군 활동의 한계가 노출되었다. 또한 양반들 입장에서는 국왕의 이름으로 발표한 의병 해산 권고를 무시할 수도 없는 일이었다. 이에 을미의병은 1896년 여름 대부분 해산했다. 의병이 발생한 지 반년 만의 일이다.

을미사변으로부터 이어진 조선의 소용돌이는 이로써 일단락되는 듯했지만 더 큰 문제가 도사리고 있었다. 정치를 총괄해야 할 고종이 러시아 공사관으로 숨어든 것이다. 나라의 최고 책임자가 자리를 비우자 혼란은 더해져만 갔다.

고종은 왜 러시아 공사관으로 도망가야만 했을까?

개항과 근대화 과정에서 변화에 적응하지 못한 조선은 열강의 침략이라는 소용돌이 속에 놓일 위기를 맞았다. 특히 국경이 인접한 청과 러시아 그리고 일본이 호시탐탐 조선을 노렸다. 그러던 중 청일 전쟁에서 일본이 승리하면서 청나라가 세 나라의 세력 다툼에서 밀려나, 조선을 둘러싼 다툼은 이제 일본과 러시아의 대결로 압축되었다.

러시아가 먼저 삼국 간섭을 통해 일본을 견제하고 나섰고, 일본은 을미사변을 일으키며 조선에서의 우위를 다지려 했다. 하지만 러시아의 또 다른 반격이 시작되니 바로 아관파천이다.

두려움에 떨다 러시아 공사관으로 도망간 고종

을미사변을 일으킨 일본은 경복궁을 점령하고 내각을 친일 인사들로 채운 후 을미개혁을 단행했다. 이 모든 과정에서 고종은 일본이 시키는 대로 할 수밖에 없는 처지가 되었다. 민비가 죽은 뒤 불안과 공포에 떨고 있는 고종은 일본에 아무런 저항도 하지 못했다. 사태가 이 지경에 이르자 고종을 보호하고 일본의 영향력에서 벗어나고자 하는 일부 관료는 일본군이 지키는 경복궁에서 고종을 탈출시킬 방법을 궁리했다.

이범진 등 친러 세력은 친미 세력과 손잡고 고종을 러시아 공사관(지금의 서울시 중구 정동에 위치)으로 피신시킬 작전을 세웠다. 이 작전에는 정치를 담당하는 실무 관리들과 경복궁을 지키는 군인 일부가 가담했다. 또한 호러스 그랜트 언더우드, 호머 헐버트, 호러스 뉴턴 알렌 등 미국인 선교사와 관료 그리고 러시아 공사 카를 베베르가 지원했다.

1895년 11월 28일 새벽 남만리와 이규홍 등 중대장은 군인 800명을 이끌고 경복궁으로 잠입을 시도했다. 하지만 여의치 않자 지금의 삼청동으로 올라가 경복궁 동쪽 춘생문에 이르러 담을 넘어 경복궁에 들어가려고 했다. 그런데 친위대가 미리 기다리고 있다가 춘생문에 도착한 군인들에게 공격을 퍼붓고 을미개혁의 주요 인사 어윤중이 달려와 군대를 지휘했다. 이에 경복궁

기와지붕들 뒤로 보이는 하얀 건물이 러시아 공사관(서울시 정동)이다. 지금은 우뚝 서 있는 탑신만 남아 있다(그림 13).

잠입을 시도한 군인들은 체포되거나 도주했다.

이렇게 허무하게 작전이 끝나 버린 까닭은 협력하기로 약속한 친위대 대장 이진호가 이들을 배신하고 어윤중에게 알렸기 때문이다. 결국 이 사건으로 체포된 일부 사람은 사형 혹은 종신 유배형에 처해지고 나머지 사람들은 태형이나 징역형을 선고받았다. 이 사건이 춘생문 사건이다.

춘생문 사건으로 고종을 피신시키는 일이 좌절되어 이를 준비한 인사들은 미국과 러시아 공사관이나 선교사 집으로 피신했다. 일본은 국왕을 납치하려 한 이 사건에 서양인들이 관련되어 있다고 대서특필하며 맹비난했다. 그러나 고종의 거처를 옮기려는 노력은 여기에서 끝나지 않았다. 춘생문 사건을 주도하다 해외로 도망간 친러파 이범진이 비밀리에 귀국하여 다른 친러파 인사들 및 러시아 공사 베베르를 만나 고종의 거처를 러시아 공사관으로 옮기는 문제를 다시 논의했다.

우선 궁에서 고종을 가까이에서 만날 수 있는 궁녀 김 씨, 고종이 신뢰하는 엄 상궁으로 하여금 고종에게 흥선 대원군과 친일파가 폐위를 공모하고 있다고 전하며 안전을 위해 러시아 공사관으로 옮길 것을 권하게 했다. 가뜩이나 을미사변 후 신변의 위협을 느끼며 불안에 떨고 있는 고종이기에 이들의 권유를 받아들였다.

러시아는 1896년 2월 10일 러시아 공사관을 보호한다는 구실을 내세워 인천에 있는 러시아 군사 120여 명을 불러들여 공사관에 주둔시켰다. 그리고 1896년 2월 11일 새벽 고종과 자녀들은 궁녀의 가마를 타고 극비리에 경복궁을 나와 러시아 공사관으로 옮겨 가는 데 성공했다. 이를 '아관파천'이라고 한다.

고종이 러시아 공사관으로 간 당일 을미개혁을 이끈 김홍집을 비롯하여 김윤식, 유길준, 어윤중 등 개화파 인사들은 면직되거나 체포되었다. 이 과정에서 일부는 처형되고 일부는 백성들에게 붙잡혀 살해되었으며 가까스로 목숨을 건져 탈출한 사람들은 일본으로 망명했다. 친일 개화파 인사들이 물러난 내각은 이범진,

이완용 등 친러 인사들로 구성되고 그들이 권력을 장악했다.

이로써 을미개혁은 실패로 돌아가고 일본의 영향력은 줄어들었다. 반면 고종을 안전하게 보호하고 있다는 명목하에 러시아의 권한은 막강해졌으며, 관직 역시 친러 인사들이 차지하면서 조선에 대한 러시아의 영향력은 커져만 갔다.

가속화하는 열강의 이권 침탈

아관파천으로 러시아의 영향력이 강력해지니 상대적으로 일본의 입지는 좁아졌다. 일본은 러시아와 정면 대결을 펼치는 대신 러시아와 물밑 협상을 벌여 자신들이 챙길 수 있는 이익을 얻는 데 힘썼다. 이에 두 나라는 비밀 회담을 통해 조선 문제에 공동으로 간섭한다는 내용의 협정을 체결했다.

이 사실을 전혀 알지 못하는 조선 사람들은 러시아의 영향력이 강해지니 일본을 몰아낼 수 있다며 환영했다. 고종 역시 러시아를 믿고 공사관에 머물렀으며 정부 요직은 모두 친러파로 교체되어 러시아 공사의 명령에 따라 움직였다.

이렇게 자신들의 뜻대로 되자 러시아는 조선에서 자신들이 얻을 수 있는 이권을 하나하나 확보해 갔다. 경원·종성 광산의 채굴권, 인천 월미도 저탄소 설치권, 압록강 유역과 울릉도의 삼림 채벌권 등 경제적 이익을 탈취했다. 러시아가 이권 쟁탈에 열중하는 모습을 지켜본 다른 나라들도 기회 균등을 요구하며 전차·철도 부설권, 삼림 채벌권, 금광 및 광산 채굴권 등을 앞다투어 가져갔다. 일본은 서양 열강이 가져간 이권 중 필요한 것을 사들이는 방식으로 조선에서 입지를 다져 나갔다.

러시아를 비롯한 열강의 이권 침탈이 가속화된 조선의 국가 재정은 곤경에 빠졌고 국제 사회에서 조선의 위상은 더욱 낮아졌다. 이런 상황에서 러시아는 알렉세예프를 고문으로 앉혀 조선의 재정을 마음대로 주물렀다.

국가의 주권과 이권이 이같이 손상되어 가는데도 고종은 여전히 러시아 공사관에 머물렀다. 이에 고종의 환궁을 요구하는 여론이 들끓기 시작했다. 고종은 아관파천 초기에 경복궁이 아닌 경운궁(지금의 덕수궁)으로 환궁할 것을 약속했다. 민비가 죽은 경복궁으로 돌아가기 두려운 데다가 경운궁 근처에 있는 구미 공사관의 보호를 받기 위해서였다.

하지만 경운궁은 수리 중이라 환궁 시기가 자꾸 늦추어지고 고종은 환궁에 적극적이지 않았다. 관료들의 요구로 가까스로 환궁 계획을 세우면 그때마다 친러파 인사들이 방해했다. 이렇게 아관파천 기간이 1년이 다 되어 갈 때 정부의 대외 의존성과 고종의 소극적 자세를 비난하는 여론이 거세졌다.

특히 러시아에 대한 의존성을 비난하는 독립 협회는 끊임없이 고종의 환궁을 요구하며 민중 대회를 개최했고, 전국의 유생들도 고종의 환궁을 요구하는 상소 운동을 개시했다. 고종은 1897년 2월 20일 경운궁으로 환궁했다. 러시아 공사관으로 파천한 지 1년 만이었다.

황제가 된 고종, 개혁을 시도하다

1년 만에 환궁한 고종에게는 국가를 정비할 의무가 있었다. 공교롭게도 이때 국내 지식인과 관리 사이에서 국왕을 황제로 존칭하고 국호를 바꾸어야 한다는 여론이 일어난다. 청나라는 '황

1920년대 원구단. 원구단은 본디 하늘과 땅에 제사 지내는 곳을 가리키며 환구단이라고도 부른다. 하늘에 제사 지내는 단은 둥글게, 땅에 제사 지내는 단은 모나게 쌓는다. 고종 황제 즉위식을 올린 원구단은 일제 강점기인 1914년에 철거되었다(그림 14).

제', 일본은 '천황'이라는 호칭을 사용하고 있어 동아시아 삼국 가운데 황제 칭호를 사용하지 않는 나라는 조선뿐이었다. 이에 고종과 관료들은 황제 즉위식을 올리고 국호를 바꾸기로 결정하고 정부 주도로 황제 즉위식 준비에 들어갔다.

1897년 8월 1일 연호를 '광무'로 정하고 황제 즉위식 장소는 덕수궁 앞 남서 회현방 소공동(지금의 서울 조선호텔 자리)으로 정해졌다. 황제 즉위식을 거행할 원구단을 짓는 공사가 진행되었고 즉위식 거행 일자는 10월 12일로 정해졌다.

1897년 10월 12일 원구단에서 황제 즉위식을 치른 다음 날인 13일 국호를 '대한 제국'으로 정했음을 선포했다. 그리고 14일에는 고종이 황제로 즉위했으며 대한 제국으로 국호가 바뀌었다는 사실을 각국 공사관 및 영사관에 통보함으로써 공식화했다.

대한 제국을 성립한 고종은 새 나라의 정치 질서를 바로 세우고자 내각을 새로 구성하고 개혁 정치를 단행했다. 대한 제국의 내각은 보수파를 중심으로 구성되었다. 이들은 구본신참(옛것을 근본으로 하되 새로운 것을 참고한다)의 원칙하에 개혁을 시행했는데, 연호 광무를 붙여 이를 '광무개혁'이라고 한다.

광무개혁은 근본 원칙인 구본신참에서 알 수 있듯 전통적인 제도에 근대적 내용을 결합시키려는 복고적 성격을 지닌 개혁으로, 서양의 여러 제도를 수용하기보다 전통 사회의 모습을 지켜나가기 위해 노력했다. 따라서 광무개혁에서 가장 중점을 둔 것은 황제권 강화다.

정책 결정에 있어 황제의 영향력을 강화했으며, 군대 지휘·감독권을 갖는 원수부를 창설하고 황제가 대원수로 취임함으로써 군대를 황제가 지휘할 수 있도록 했다. 또한 수도와 황실 및 지방을 지키는 군대 수를 늘려 국방력을 강화했다. 1899년 발표한 헌법 대한국 국제에 이러한 내용을 명시하여 대한 제국의 황제는 불가침 군권을 향유할 뿐만 아니라 입법, 사법, 행정, 계엄 등의 권한까지 가질 수 있게 되었다.

황제의 권한을 강화함과 동시에 황실 재정을 늘리는 개혁을 단행했다. 재정 확보를 위해 백성들이 납부하는 잡다한 세금이 부활되고 홍삼을 제조하여 판매하는 등 수익을 낼 수 있는 사업을 진행했다. 새로운 화폐 백동화를 제작하여 유통시키고 돈을 주고 관직을 사는 일마저 허용했다. 애국심 고취를 위해 1902년에는 국가를 제정하고 1903년에는 의무적으로 군 복무를 해야 하는 국민개병을 원칙으로 하는 징병 제도에 관한 조칙을 내렸다.

또한 시행을 미루어 온 양전 사업을 적극 추진했는데, 토지 소유주와 소유 면적을 조사하는 양전 사업은 정확한 세금 징수에 반드시 필요한 작업이다. 이에 대한 제국에서는 1899~1903년 사이에 전국 토지의 3분의 2가량에 대한 조사를 마쳤다. 그리고 토지 소유주에게 소유를 인정하는 문서인 지계를 발급했는데, 이는 우리나라 역사상 최초로 토지 소유를 문서화한 근대적 개혁이다.

1902년에는 도량형에 대한 규칙을 제정하고 1903년 전국에서 실시하여 경제 활동의 기준을 마련한다. 교육 분야에서는 근대적 상인과 기술자 양성을 목표로 한 실업 교육을 강조하여 외국에 유학생을 파견하거나 실업 학교를 세웠다. 통신 및 교통 시설, 우편·전보망의 전국적 확충에 힘을 기울였으며 관원들의 양복 착용, 단발령 시행 등 근대적 생활을 위한 개혁에도 박차를 가했다.

실패로 끝난 또 한 번의 개혁 — 광무개혁

광무개혁은 황제권 강화를 바탕으로 조선의 옛 질서를 강화하면서 근대적 개혁을 일부 시도한 자주적 개혁이다. 앞서 실시한 갑오·을미개혁이 일본의 강요에서 비롯된 것과 달리 광무개혁은 자발적으로 필요한 부분을 고쳐 나가는 개혁을 시도한 점에서 의의가 크다고 할 수 있다.

그러나 한계도 있었다. 광무개혁의 주된 내용은 황제권 강화에 도움이 되었지만 근대화와는 거리가 먼 것이 많았다. 게다가 백성들이 납부하는 잡세의 부활이나 돈을 주고 관직을 사는 매관매직의 허용 등은 근대화에 역행하는 내용이다. 이로 인해 자격이 안 되는 관리가 선발되거나 부정부패가 만연하면서 백성들의 생활은 더욱 어려워졌다.

재정을 확보하고자 발행한 백동화는 위조 화폐가 등장하면서 경제가 어지러워지고 화폐 가치는 떨어지는 등 백성들의 손실이 커지는 바람에 결국 발행 중단을 요구하는 사람들이 많아졌다. 대한 제국은 이러한 부작용을 알면서도 백동화 보급으로 생기는 이득이 커서 1904년까지 발행을 멈추지 않았다. 이처럼 재정을 확보하여 개혁을 지속하려 했지만 광무개혁은 기대한 성과를 얻지 못했다. 무엇보다 의욕적으로 시작한 양전 사업은 아쉽게도 비용 부족으로 중단되었다. 설상가상으로 사업을 지속할 재원을 마련하려고 정부가 직접 외국에 이권을 팔아넘기는 경우마저 생기면서 열강에 이권을 빼앗기는 일은 가속화했다.

이러한 미흡한 개혁 과정을 두고 독립 협회는 광무개혁의 문제점을 지적하고 그 원인으로 황제권 강화를 꼽으며 비판했다. 하지만 고종과 보수적 관료들은 개혁의 방향을 바꾸지 않고 오히려 독립 협회를 해산시켜 버렸다. 비판 세력이 사라지자 황제권의 전제화는 한층 속도를 냈다.

광무개혁은 우리나라가 근대화로 나아가는 마지막 개혁이었으나 그 성과는 기대에 미치지 못했다. 갑오·을미·광무개혁까지 여러 차례 개혁을 시도했지만 근대화에 실패한 우리나라는 제국주의 열강의 이권 침탈과 침략을 막아 내지 못해 결과적으로 일본의 식민지로 전락했다.

두 얼굴을 가진 철도 건설

철도의 역사는 1814년 영국의 조지 스티븐슨이 증기 기관차를 제작하면서 시작된다. 이후 영국, 미국 등에서 장거리 철로가 놓이고 기차가 원료 및 제품의 주요 운송 수단이 되어 철도는 근대화의 상징으로 여겨진다. 20세기 들어 미국 포드사가 주도한 실용적 모델의 자동차가 보급되기 전까지 철도는 최고의 육상 교통수단으로 인식되었다.

광무개혁을 실시하는 과정에서 대한 제국은 철도에 관심을 갖고 우리 힘으로 철도를 부설하고자 했다. 1896년 '국내 철도 규칙'을 제정하여 철도 부설을 위한 법규를 마련하고 '철도사'라는 관청을 설치하여 철도 부설 계획을 수립했다. 1899년 3월에는 박기종이 대한 철도 회사를 건립하여 철도 부설에 힘썼다.

하지만 결론적으로 말하자면 우리 힘으로 철도를 부설하는 사업은 실패로 돌아갔다. 철도 부설에 필요한 자본과 기술이 부족한 것은 물론 재원 마련이 시급한 대한 제국이 철도 부설권을 일본에 팔아 자금을 확보하고자 한 것이다.

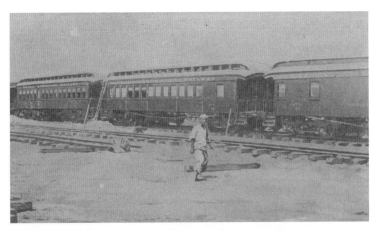

1899년 개통 당시 경인선의 객차 모습. 운행되기 시작한 당초에는 노량진역과 인천역 사이 33.8킬로미터 구간이 운영되었고 1900년 7월 경성역(이후 서대문역으로 이름이 바뀌었다)이 완성되어 전 구간이 개통되었다(그림 15).

그렇다면 우리나라 최초의 철도는 무엇일까? 1899년에 개통된 서울과 인천을 잇는 경인선이다. 경인선은 본래 1896년 미국인 J. R. 모스가 철도 부설권을 얻어 1897년 착공했다. 그러나 자금 사정으로 부설권이 일본의 경인 철도 합자 회사에 양도되면서 일본의 손에 의해 완공되었다.

그 뒤 일본은 경부선 철도 부설권을 확보하고, 1904년에는 프랑스가 갖고 있던 경의선 철도 부설권마저 양도받는다. 이로써 우리나라 초기 철도 경인선, 경부선, 경의선은 일본에 의해 완공되었다. 일본이 이토록 우리나라 철도 부설에 적극적이었던 이유는 대륙 침략에 철도를 이용하기 위해서다.

한반도를 넘어 중국 대륙까지 침략하고자 한 일본은 군수 물자 수송에 철도가 반드시 필요하기 때문에 부산, 서울, 의주를 연결하여 한반도를 관통하는 철도를 부설하는 데 앞장섰다. 실제로 경부선과 경의선은 러일 전쟁 당시 일본의 물자를 만주로 실어 나르는 데 이용되었다.

철도가 우리나라에서 수송 기능을 담당하며 근대적 시설의 발전을 이끈 것은 사실이다. 그러나 일본이 철도를 부설한 이유는 우리나라의 근대화를 위해서가 아니라 우리나라와 중국 대륙을 침략하기 위해서였으며, 철도 건설 과정에서 우리나라 민중은 땅을 빼앗기거나 노동력을 착취당하고 철도 건설로 인한 이득은 모두 일본이 챙겨 갔다. 이렇듯 철도는 근대화를 가속화함과 동시에 식민지화 또한 앞당긴 두 얼굴을 가진 운송 수단이다.

여러 나라의 문화에 자취를 남긴 미국·스페인 전쟁

1898년 4~8월 미국과 스페인은 전쟁을 벌였고 이 전쟁으로 여러 나라의 역사에 변화가 생겼다. 두 나라는 왜 전쟁을 하게 되었을까?

미국과 스페인의 갈등은 쿠바를 둘러싸고 불거졌다. 쿠바는 남아메리카 북단에 위치한 작은 섬나라로 1492년 콜럼버스가 신항로를 개척하는 과정에서 발견하여 스페인의 식민지가 되었다. 그 뒤 쿠바는 400년 이상 스페인의 지배를 받았다. 오랜 기간 지속된 식민 지배에 쿠바 사람들은 반발했지만 스페인은 이를 무시했다.

그러나 1823년 먼로주의 원칙이 발표되면서 상황은 일변했다. 콜럼버스의 신항로 개척 및 신대륙 발견 이후 남아메리카 국가 대부분은 스페인과 포르투갈의 식민지 신세가 되었다. 그런데 18세기 이후 이 나라들이 독립운동을 펼쳐 독립국이 탄생할 기운이 감돌자, 미국은 남아메리카 국가들의 독립을 지지하는 먼로주의를 발표했다. 먼로주의란 각 대륙의 문제는 그 대륙이 알

아서 해결해야 한다는 논리로, 미국이 유럽 문제에 개입하지 않 듯 아메리카 문제에 유럽도 개입하지 말아야 한다는 외교 원칙이다. 이 원칙에 따르면 쿠바의 독립운동에 유럽 국가는 개입하지 말고 쿠바가 독립할 수 있게 내버려 두라는 것으로 해석할 수 있다.

미국이 먼로주의를 내세운 이유는 말할 나위 없이 자국의 이익을 위해서다. 남아메리카 국가들이 계속 유럽의 식민 지배를 받는 한 미국은 이 나라들과 자유롭게 무역하기가 어려웠다. 반면 남아메리카 국가들이 유럽 식민지에서 벗어나 자유국이 된다면, 미국은 자유로운 무역을 하며 자신의 물건을 넓은 남아메리카 땅에 팔아 엄청난 이윤을 창출할 수 있으므로 이 국가들의 독립을 지지한 것이다.

이유가 무엇이든 남아메리카 국가의 독립을 지지하는 미국의 먼로주의에 쿠바의 독립운동은 힘을 받기 시작했다. 게다가 스페인 웨일러 장군의 무자비한 통치로 쿠바인들의 불만이 팽배해 있어 독립운동의 분위기는 더욱 고조되었다. 하지만 독립은 결코 쉽게 이루어지지 않았다. 일제 강점기 때 친일파가 존재했듯 쿠바에도 친스페인 세력이 존재했다.

1898년 1월 쿠바 아바나에서는 친스페인 세력이 웨일러 장군을 비판하는 지역 신문사를 공격하는 소요를 일으켰다. 이 사건이 발생하자 미국은 아바나에 있는 자국민을 보호한다는 명목하에 해군을 쿠바에 보내기로 결정하고 메인호를 아바나에 정박시켰다. 그런데 1898년 2월 원인 모를 폭발로 메인호가 침몰해 미해군 266명이 사망하는 사고가 발생했다. 스페인은 폭발의 원인을 내부 폭발이라고 했으나, 미국은 스페인이 메인호를 공격했다며 선전 포고를 했다.

결국 1898년 4월 미국과 스페인 간 전쟁이 시작되고 스페인의 식민지 쿠바와 필리핀에서 전투가 벌어졌다. 필리핀에서의 전투는 싱겁게 미국의 승리로 끝났다. 본국과 거리가 먼 필리핀에 있는 스페인 부대는 조지 듀이 함장 휘하 미 해군의 공격에 속수무책으로 무너져 같은 해 8월 미국이 필리핀을 완전히 정복했다. 쿠바에서는 스페인 세르베라 제독이 미국 셰이퍼 장군의 공격을 피해 탈출하려다가 실패하고 선박 대부분을 잃어 더 이상 미국에 대항할 힘이 없었다. 결국 셰이퍼 장군이 쿠바의 산티아고를 함락하면서 미국은 승리를 거두었다. 미국은 스페인의 식민지 쿠바·필리핀·괌·푸에르토리코를 할양받은 한편, 쿠바는 3년간 미군정의 지배를 받은 후 독립했다.

미국·스페인 전쟁에서의 승리로 미국은 명실상부한 제국주의 국가가 되었다. 필리핀과 푸에르토리코는 제2차 세계 대전 종전후에도 미국의 지배를 받다 독립했고, 괌은 지금도 미국의 지배를 받고 있다. 현재 필리핀은 동남아시아 국가로는 유일하게 국민 대다수가 가톨릭을 믿고 공용어로 영어를 사용한다. 필리핀이 지금 그런 모습을 갖게 된 것은 스페인의 식민 지배를 받으며 가톨릭으로 개종하고 미국의 지배를 받으며 영어를 사용했기 때문이다.

이렇듯 미국·스페인 전쟁은 미국과 스페인의 역사만 바꾸어 놓은 것이 아니라 다른 나라의 문화와 역사에도 영향을 미쳤다. 많은 나라의 사회와 문화가 역사적 사건에서 기인한다는 사실은 역사를 반드시 공부해야 하는 이유이기도 하다.

민중*은 왜
독립 협회의 활동에
적극적이었을까?

조선 말 정치가 어지러워지고 다른 나라의 침략이 가시화되는
상황 속에서 사람들은 나라를 지키고자 저마다 자신이 생각하
는 애국의 길을 찾아 조선을 구하고자 분발했다. 이러한 애국지
사 가운데 나라를 지키고 열강의 침략을 막기 위한 방법으로 무
지에서 벗어나 열강을 제대로 이해하고 근대화하는 길을 택하는
사람들이 있었다. 특히 고종이 러시아 공사관에 머무는 동안 열

강의 이권 침탈이 그 도를 더해 가자, 이를 저지하여 나라를 지키고 민중을 계몽하여 강한 나라를 만들고자 하는 사람들이 독립 협회를 만들었다.

우리나라 최초의 근대적 사회단체 독립 협회

1884년 갑신정변 실패 후 미국으로 망명 간 서재필은 갑신정변 주모자들에 대한 반역죄가 사면되자 1895년 12월 귀국했다. 미국에 있는 동안 민주주의와 근대 문명을 익힌 서재필은 조선을 근대화하기 위해 신지식인을 모아 활동을 재개했다. 먼저 1896년 4월 7일 《독립신문》을 창간하고 7월 2일 독립 협회를 창립했다.

독립 협회는 서재필이 귀국할 수 있도록 돕고 《독립신문》 창간을 지원한 건양 협회 회원들이 주축을 이루었다. 또한 서양의 외교관이나 선교사 들과 교류하며 서양 문화와 근대화에 익숙한 관료, 서구 근대 사상을 접하면서 개화 정책을 옹호하는 실무 관료 등 서재필과 친분이 있는 인사들로 구성되었다. 이처럼 초기의 독립 협회는 사교 모임의 성격이 강했다.

독립 협회 창립에 앞서 창간된 《독립신문》은 우리나라 최초의 민간 신문이자 일간지로 순 한글판과 영문판 두 가지로 발행되었다. 《독립신문》 이전에도 근대 신문은 있었으나 대부분 한문으로 쓰여 있어 일반 백성이 신문을 읽기란 사실상 불가능했다. 이

1897년 건립된 독립문. 고종 황제의 동의는 물론 많은 사람의 호응을 받아 세워졌고 앞뒤에 한글과 한자로 각각 독립문을, 그 양옆에 태극기를 새겨 넣었다. 뒤쪽에 보이는 건물이 명나라 사신이 머물던 모화관이다(그림 16).

에 서재필은 순 한글로 신문을 발간하여 누구나 신문을 읽어 세상 돌아가는 모습을 알 수 있게 했다. 또한 조선이 처한 상황과 독립 의지를 외국에 알림으로써 독립에 대한 지지와 도움을 받을 수 있도록 영문판을 발행했다.

독립 협회는 창립과 동시에 독립문을 짓고 독립 공원을 조성하는 사업을 진행했다. 독립문은 영은문이 위치하던 곳에 프랑스 개선문과 비슷한 모양으로 세워졌다. 영은문은 명나라 사신이 조선에 와서 머물던 모화관 앞에 있는 것으로, 조선이 중국을 섬긴다는 것을 상징했다. 이에 서재필과 독립 협회 회원들은 청나라의 간섭으로부터 벗어나 자주독립을 이룬다는 의미에서 영은문을 헐고 그 자리에 독립문을 건립했다.

독립문 건립을 위해 후원금을 모금했는데 후원금을 내고 독립 협회에 가입한 사람이 2천여 명에 이를 정도로 독립문 건립 사업은 세간의 이목을 끌었다. 특히 근대화에 큰 관심을 가진 민중뿐만 아니라 왕실에서도 독립문 건립을 긍정적으로 보았다. 이와 같이 독립 협회는 건립 초기부터 많은 사람의 관심 속에서 정치·사회 활동을 시작했다.

사회 진화론과 독립 협회

19세기 후반 사회 발전을 학문적으로 설명하는 사회 진화론이 등장했다. 사회 진화론이란 말 그대로 사회가 자연처럼 진화한다는 이론으로, 자연에 적용되는 약육강식·적자생존의 원리가 사회에도 적용된다는 학설이다.

약육강식 즉 강한 개체가 약한 개체를 잡아먹는다는 이론은 자연계에서 먹이사슬을 설명할 때 많이 쓰이는 이론이다. 그런데 사회 진화론을 주장하는 학자들은 그 내용이 사회에도 적용된다고 보았다. 개인과 집단, 민족 및 국가의 관계에도 강한 사회와 약한 사회가 있으며, 약한 사회는 자신의 문화적 영향력을 점차 상실하는 반면 강한 사회는 약자에 대한 문화적 영향력을 점차 확대해 나간다는 것이 사회 진화론자들의 주장이다.

생존 과정에서 환경에 적응한 개체만 살아남고 그렇지 못한 개체는 도태된다는 적자생존의 원리가 사회에도 적용된다고 보았다. 인구가 변동되고 사회가 변화하는 과정에서 경쟁이 벌어지는데, 이때 환경에 적응한 우수한 사회는 살아남고 환경에 적응하지 못한 열등한 사회는 멸망한다고 사회 진화론자들은 주장했다.

이러한 사회 진화론이 동아시아 지역에 소개된 것은 19세기 말이다. 일본에서는 가토 히로유키, 후쿠자와 유키치 등 유명 학자들이 이 이론을 수용하여 소개했고 중국에서는 청일 전쟁 이후 옌푸, 캉유웨이, 량치차오 등이 전파했다. 일본과 중국에 사회 진화론이 소개되면서 두 나라 학자들은 강한 나라만이 생존할 수 있다는 논리에 따라 자국을 강하게 만드는 데 힘을 기울였다.

일본에서 천황의 권력을 극대화하는 헌법을 제정하고 충성을 강조하며 전쟁 준비에 나선 것이나, 중국에서 변법자강 운동을 통해 근대화하려는 움직임이 일어난 배경에는 사회 진화론이 자리 잡고 있다. 다시 말해 강한 나라만이 살아남는다는 사회 진화론의 논리에 따라 다른 나라에 먹히지 않는 강력한 나라로 만들 정책을 펼친 것이다.

우리나라에는 1880년대 사회 진화론이 소개되었고 유길준, 윤치호, 박영효 등 개화파 학자들이 이 이론을 받아들였다. 특히 유길준은 《서유견문》이라는 책에서 사회 진화론적 관점으로 사회를 해석하고 발전 방향을 제시했다. 당시 제국주의 열강들이 조선에 침략하는 것을 두 눈으로 목격한 개화론자들은 사회 진화론에서 이야기하는 약육강식이 이론을 넘어 현실로 다가왔기에 사회 진화론 수용에 적극적일 수밖에 없었다.

조선에 소개되고 수용된 사회 진화론은 독립 협회의 활동에 큰 영향을 미쳤다. 독립 협회를 세운 서재필 본인이 개화파이기에 사회 진화론의 영향을 받았다. 그뿐 아니라 서재필을 도와 독립 협회를 이끈 신지식인들 역시 비슷한 생각을 갖고 있었으므로, 독립 협회 활동의 목적은 강한 국가를 만드는 것으로 귀결되었다. 독립 협회가 중점을 둔 민중에 대한 교육과 계몽 활동 또한 강한 국가가 되기 위한 과정이었다.

이처럼 사회 진화론은 한·중·일 세 나라 모두에 영향을 주었고 19세기 말 동아시아에서 자강 운동이 급물살을 탄 것은 이 사회 진화론의 보급 때문이라고 볼 수 있다. 하지만 사회 진화론에는 문제가 있었다. 약육강식의 원리를 따르다 보니 강력한 제국주의 국가가 약한 나라에 침략하는 것을 정당화하는 이론으로 이용된 것이다.

여러 연구가 진행되면서 사회적·문화적 현상이 진화만으로는 설명될 수 없는 복잡하고 복합적인 면이 많다는 이론이 확산됨에 따라 사회 진화론의 기본 구조에 의문을 제기하는 견해가 등장했다. 이에 20세기 들어 사회 진화론은 점차 쇠퇴하기 시작한다.

독립 협회의 눈부신 활동

독립 협회의 활동은 네 시기로 나누어 살펴볼 수 있다.

첫 번째는 창립기로 서재필이 독립 협회를 창립하고 독립 공원, 독립문, 독립관을 건립하는 등 독립 협회를 홍보하며 체계를 갖추어 나가는 시기다. 이 시기에는 회원 수가 2천여 명에 달하며 급성장했지만, 대부분 서재필과 친분이 있거나 지인들과 관계가 있는 관료들이었다.

두 번째는 서재필과 윤치호의 주도 아래 민중 계몽 활동이 활발하게 펼쳐진 시기다. 이 시기에는 계몽을 위한 강연회, 정부 정책을 비판하는 토론회가 진행된다. 이러한 활동 때문에 관료 계층이 대거 독립 협회에서 이탈하는 대신 신지식인 계층이 가입하면서 독립 협회가 사회단체의 성격을 띠기 시작한다.

세 번째는 만민 공동회를 개최하여 민의를 모아 정책에 반영할 수 있도록 정치에 적극 참여한 시기다. 이 시기에 독립 협회는 외국의 이권 침탈과 내정 간섭에 반대하고 민권 운동과 의회 설립 운동을 통해 전근대적 정치를 바꾸려는 활동을 전개한다. 서재필이 출국당하고 임원진이 교체되는 등 독립 협회 지도부에 변화가 생기지만, 독립 협회의 활동을 지지하는 자매단체가 생기면서 오히려 활동이 확산된다.

마지막은 관민 공동회를 열어 본격적으로 정치 활동을 전개하나 정부의 공격으로 해산된 시기다. 이 시기 독립 협회는 의회 개설을 위해 관민 공동회를 열고 관료들과의 협조하에 정부에 의견을 개진하여 긍정적인 답변을 얻기도 했다. 하지만 독립 협회가 공화정을 추구한다는 소문이 돌면서 정부에 의해 강제 해산된다.

1896년 7월에 발족한 독립 협회는 1898년 12월까지 약 2년 반 동안 활동했다. 독립 협회는 이 기간에 사회 및 정치 개혁 활동을 펼쳐 외국의 침략을 막고 민중을 계몽하여 사회를 근대화하려는 노력을 기울이고, 의회 설립 운동을 통해 정치적 개혁을 꾀했다.

독립 협회의 활동을 구체적으로 살펴보면 가장 먼저 민중 계몽 운동을 들 수 있다. 올바른 근대화 의식을 갖고 정세를 파악할 수 있는 민중이 많아져야 국가의 실력이 향상될 수 있다고 생각한 독립 협회는 국내외 정세를 알리거나 근대화 지식을 전달하는 등의 계몽 운동을 활발하게 전개했다. 그 방편으로《독립신문》을 발행하고 매주 정기적으로 토론회를 열었다. 토론회에서는 회의 진행법과 연설법에 대한 강연, 효과적인 의사 표현 방법과 민주적인 행동도 교육했다.

또한 열강의 침략으로부터 나라를 지켜 내기 위한 국권 수호 운동에 심혈을 기울였다. 독립 협회가 활동한 시기는 고종이 러시아 공사관에 파천 가 있던 때로, 러시아의 내정 간섭과 이권 침탈 요구가 심각했다. 이에 독립 협회는 다른 나라보다 러시아를 견제하는 활동에 주력했다. 이를 위해 민중 집회인 만민 공동회를 개최하고 민중의 의견을 모은 결의안을 정부에 전달했다.

종로 네거리에 민중 1만여 명이 모인 가운데 열린 제1차 만민 공동회에서는 조선에 파견된 러시아의 군사 교련단과 재정 고문을 모두 러시아로 돌려보내고 자주적 권리를 지키자는 결의안을 채택하여 정부에 건의했다. 또한 러시아의 절영도 조차 요구에 반대하는 활동을 펼쳤다.

러시아는 부산 앞바다에 있는 작은 섬 절영도를 조차하여 석탄을 보관하겠다고 통보했다. 조차는 다른 나라의 땅을 빌리는 것을 이르는 말인데, 당시 서양 열강들은 조차 기간을 99년까지 연장하는 경우가 많아 말이 좋아 빌리는 것이지 빼앗는 것이나 다름없었다. 이런 사실을 알고 있는 독립 협회는 만민 공동회를 열어 절영도 조차에 반대하는 활동을 벌여 러시아에 압박을 가함으로써 결국 포기하게 만들었다. 또한 러시아가 군사 기지를 세울 목적으로 목포와 증남포 해역의 토지를 사들이겠다고 정부에 통고해 왔으나, 이 또한 강력한 반대 운동으로 좌절시켰다.

독립 협회는 서양 열강이 호시탐탐 노리는 우리나라의 이권을 수호하기 위한 운동에 적극적으로 참여했다. 러시아가 설립한

한·러 은행의 폐쇄를 이끌어 내는가 하면, 프랑스가 차지하려는 평양 부근 세 곳의 광산 채굴지를 지켜 냈으며, 독일과 미국이 차지한 이권에 반대하는 운동도 전개했다.

독립 협회는 인권 보장 운동에도 참여했다. 당시에는 죄를 지은 사람을 재판 없이 즉흥적으로 처벌하거나 잔인한 형벌이 내려지는 경우가 빈번했다. 독립 협회는 아무리 극악무도한 죄를 지은 중범죄자라도 법에 따라 재판하고 공정하게 판결하여 처벌해야 한다고 주장했다. 이에 억울하게 감옥에 갇힌 사람을 석방하거나 부당하게 몰수된 재산을 돌려주는 활동을 했다. 적법하지 않은 재판을 진행한 공직자를 고발하여 해직되게 하거나 공개 재판을 요구했다.

이와 같은 다양한 움직임 가운데 가장 의미 있는 것으로는 의회 설립 운동을 꼽을 수 있다. 조선은 왕조 국가로 왕 혼자 국가의 모든 것을 결정했고 그것을 당연하게 여겼다. 하지만 서양의 많은 국가는 국가의 대표자와 국민의 대표자인 의원들이 모여 같이 정사를 논의하고 결정하는 정치 방식을 채택하고 있었다. 서양의 근대화를 학습하고 서양의 민주주의적 정치 형태를 지향한 독립 협회 인사들은 우리나라에도 의회를 만들어 민주적인 정치를 이루고자 했다.

이에 독립 협회에서는 여러 차례 민중 대회를 열어 의회 설립의 필요성을 언급했다. 그리고 정치 기구인 중추원을 의회식으로 개편하는 방안을 제시하며 의회 설립을 구체화했다. 고종은 독립 협회의 활동에 불안을 느끼고 독립 협회가 힘을 남용한다고 생각하여 언론과 집회를 통제하는 조칙을 발표했다. 그런데 독립 협회와 민중, 학생 들이 굴복하지 않고 상소를 올리고 집회를 연 덕분에 1주일 만에 고종의 조칙은 번복되었다. 이어 정부는 독립 협회가 제시한 중추원의 의회식 개편안에 합의했다.

독립 협회는 민중과 정부 관료가 모이는 관민 공동회를 개최하고 의회 설립에 관한 의견을 모았다. 관민 공동회를 통해 정치를 개혁하는 헌의 6조를 채택한 독립 협회는 국왕의 재가를 받아 관선 의원 25명, 민선 의원 25명으로 구성되는 의회 설립에 합의했다. 이는 의회 설립과 국민 참정권을 처음으로 정부가 공인한 역사적 사건이다.

근대화의 동력 독립 협회의 해산

독립 협회는 정치 개혁 운동을 벌이며 의회 설립뿐만 아니라 보수파 대신들의 탄핵 운동도 전개했다. 독립 협회 회원들은 부정부패를 일삼는 무능한 보수 관료들의 자리를 유능하고 젊은 관료들로 채움으로써 새로운 정치를 펼치고자 했다. 그러나 이러한 독립 협회의 활동은 보수 세력의 반발에 부딪혔다. 독립 협회의 활동으로 수세에 몰린 보수 세력은 국왕을 움직여 반격에 나섰다.

보수 세력은 독립 협회가 왕정을 폐지하고 공화정을 추진한다는 가짜 뉴스를 퍼뜨려 고종을 흔들었다. 공화정이란 지금 우리나라와 같은 정치 형태로, 세습되는 왕이 없고 대표자를 선출하는 방식으로 운영된다. 조선이 공화정이 된다는 것은 고종과 왕실을 인정하지 않으며 고종은 왕의 자리에서 물러나야 한다는 것을 의미했다. 이러한 이유로 독립 협회가 공화정을 추진하고 있다는 소식을 들은 고종은 독립 협회를 배격하기 시작한다.

당시 독립 협회가 의회 설립을 추진한 것은 사실이나 공화정을 추진한 적은 없다. 하지만 보수 세력은 독립 협회가 공화정을 추진하며 독립 협회 임원 윤치호를 대통령으로 내정했다는 이야기를 퍼뜨렸다. 만약 이것이 사실이라면 고종에 대한 반역이자 국가의 존립을 위협하는 중범죄에 해당했다. 이에 고종은 독립 협회 요인 17명을 체포하고 의회식 중추원의 발족을 백지화했다.

독립 협회는 억울함을 호소하는 상소를 지속적으로 올리고 민중 대회를 열며 진상 규명, 관련자 처벌, 헌의 6조의 실천을 요구했다. 그러나 고종과 보수 관료들은 독립 협회의 해산을 명령했다. 독립 협회는 해산 조치에 불복하고 만민 공동회를 개최했으며, 보수 세력은 국왕에 동조하는 보수 단체 황국 협회를 시켜 만민 공동회를 습격했다.

황국 협회의 습격으로 유혈 사태가 빚어지고 사상자가 발생하자 정부는 독립 협회 회원들을 달래며 의회식 중추원 설치, 헌의 6조 실시, 만민 공동회 요구의 실천 등을 약속했다. 하지만 약속은 이행되지 않았고 격분한 민중은 '의원 천거, 만민 공동회 지지'를 외치며 민중 집회를 이어 갔다. 고종과 보수 세력은 이를 반체제 운동으로 여기고 만민 공동회 금지령을 내렸다. 이로써 독립 협회 활동은 사실상 중단되었다.

독립 협회는 위기에 빠진 나라를 구하고 민중을 계몽함으로써 열강의 침략을 저지하고 자주 군권의 확립을 추진한 근대화 운동 단체다. 또한 몇몇 사람이 아닌 민중의 참여와 지지를 받으며 민주주의를 지향한 의미 있는 단체였다. 그러나 근대화에 대한 인식이 부족한 국왕과 자신들의 이익만을 중시하는 보수 세력에 의해 독립 협회의 활동은 좌절되고 말았다. 이로써 우리나라는 근대화로 나아갈 수 있는 동력의 한 축을 상실하게 되었다.

제국주의의 본질을 드러낸 파쇼다 사건

1898년 수단의 파쇼다에서 영국 군대와 프랑스 군대가 충돌할 뻔한 일촉즉발의 위기가 벌어졌는데 이를 파쇼다 사건이라고 한다. 결국 프랑스 군대가 파쇼다에서 철수하며 전쟁 직전까지 치달은 위태로운 상황은 해소되었으나, 제국주의 국가의 실상을 보여 주는 대표적 사건으로 인식된다. 파쇼다에서는 대체 무슨 일이 벌어진 것일까?

19세기 들어 공장 설립과 기계화로 대량 생산이 가능해진 유럽 국가들은 대량의 원자재를 필요로 했다. 대량 생산으로 만들어진 상품을 판매할 수 있는 넓은 시장 또한 필요로 했다. 이런 유럽 국가에 원자재 공급지이자 상품 시장의 역할을 해 줄 곳이 바로 식민지였다.

유럽의 자본주의 국가들, 이를테면 영국·프랑스·독일·네덜란드 등은 식민지를 개척하기 위해 군대를 앞세워 아시아와 아프리카로 진출하여 약소국들을 강제로 식민지화했다. 이에 강력한 힘으로 다른 나라를 지배하고 통치하려는 제국주의 정책이 등장했고, 이 같은 정책을 펼친 나라가 제국주의 국가다.

　제국주의 국가들이 진출하면서 군사력을 갖지 못한 아시아와 아프리카 국가들은 유럽의 식민지로 전락했다. 특히 아프리카 지역은 에티오피아와 라이베리아 두 나라를 제외한 모든 곳이 유럽의 식민지가 되었다. 독일은 카메룬과 토고, 이탈리아는 소말리아·나미비아·리비아를 차지했다. 포르투갈은 앙골라와 모잠비크, 벨기에는 콩고를 식민지로 만들었다.

　아프리카에서 가장 넓은 식민지를 거느린 나라는 단연 영국과 프랑스였다. 아프리카 북단의 이집트 카이로와 최남단에 있는 케이프타운을 점령한 영국은 두 도시를 세로로 연결하여 그 사이에 있는 지역을 모두 식민지로 만드는 종단 정책을 펼쳤다. 한편 프랑스는 아프리카 서쪽의 알제리와 동쪽 끝에 있는 섬 마다가스카르를 식민지로 갖고 있었고 두 지역을 가로로 연결하여 그 사이 지역을 식민지로 만드는 횡단 정책을 펼쳤다.

　상황이 이렇다 보니 두 나라가 맞부딪친 곳이 바로 수단의 파쇼다다. 파쇼다에 먼저 발을 디딘 나라는 프랑스다. 수단의 일부 지역을 점령하고 있는 프랑스는 파쇼다와 아프리카 동쪽 해안의 지부티를 잇는 철도를 건설할 수만 있으면 경제적 이득을 볼 수 있을 것이라고 판단하여 파쇼다를 점령하려 했다.

　프랑스 군대가 파쇼다에 도착했다는 소식을 들은 영국은 당황

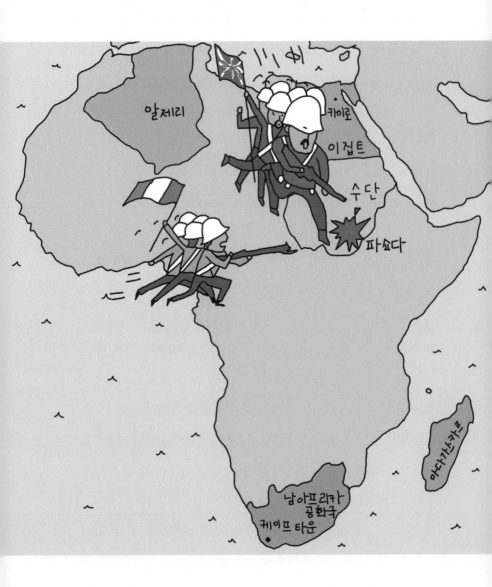

했다. 영국이 종단 정책을 완성하기 위해서는 파쇼다 점령은 필수 요건이었다. 영국은 프랑스 군대에 철수를 요구했지만 물러날 프랑스가 아니었다. 따라서 영국 군대도 파쇼다로 진군하면서 파쇼다에서 프랑스 군대와 영국 군대가 대치하는 상황이 벌어졌다. 어느 한쪽이 약간의 도발이라도 하면 바로 전면전으로 이어질 위험한 상황이 된 것이다.

이렇게 되자 파쇼다 문제를 두고 영국 정부와 프랑스 정부는 협상에 들어가 1899년 프랑스군이 파쇼다에서 철수하기로 타협했다. 두 나라는 1904년 화친 협약을 맺고 서로 돕고 친하게 지내기로 약속하며 사건은 완전히 종결되었다.

결과를 보면 파쇼다 사건은 영국과 프랑스 사이에 아무 일도 일어나지 않은 해프닝이다. 그러나 여기에는 간과할 수 없는 중요한 사실 한 가지가 있다. 파쇼다는 영국 땅도 프랑스 땅도 아닌 수단의 땅이라는 점이다. 정작 땅 주인인 수단의 권리와 의견은 무시한 채 영국과 프랑스가 힘겨루기를 한 것이다.

바로 이 점이 제국주의의 본질이다. 다른 나라의 주권은 아랑곳없이 자기들끼리 힘겨루기를 하며 서로 더 많은 땅을 차지하려고 하는 것이 제국주의다. 제국주의 국가들은 약소국을 업신여기고 무력으로 식민지를 건설하려 했다. 이 같은 제국주의의 본질 때문에 제국주의 국가가 존재하는 한 전쟁은 일어날 수밖에 없어 대규모 세계 대전이 일어난 것이다.

파쇼다 사건은 평화롭게 마무리된 것처럼 보이지만 제국주의가 무엇인지를 여실히 보여 주는 사건이다. 마치 곧 발생할 세계 대전의 예고편과도 같았다. 제국주의 정책의 이러한 맹점을 좀 더 일찍 깨달았더라면 세계 대전을 방지할 수 있었을지도 모른다. 그러나 만족을 모르는 유럽 국가들의 욕심이 충돌하여 인류사에서 가장 불행한 사건인 두 차례의 세계 대전이 발발했다.

제3장

일본,
마침내 식민 지배
야욕을 드러내다

러시아는 왜 자신보다 약한 일본에 졌을까?

　을미사변과 아관파천을 겪으며 위기를 느낀 고종은 대한 제국을 선포하고 황제 자리에 오르며 나라를 새롭게 정비하려 노력했다. 하지만 정치의 근본적 개혁 없이 형식적으로만 개혁을 추구한 정책은 큰 효과를 거두지 못했다. 일본과 러시아는 조선을 식민지로 만들기 위한 야욕을 드러내며 정치적·경제적으로 조선을 압박했다. 특히 제국주의 국가로 성장하기 위해 대륙 진출이 절실한 일본은 조선의 식민지화를 적극 추진했고 이 과정에서 러시아와의 충돌은 피할 수 없었다.

일본과 러시아의 갈등

일본이 1876년 강화도 조약을 맺으며 조선에 진출할 때만 해도 일본의 경쟁국은 청나라 하나였다. 1880년대 들어 러시아가 조선에 관심을 가질 즈음, 조선의 민씨 정권은 청나라의 간섭에서 벗어나고자 러시아와 접촉했다. 이때부터 러시아의 영향력이 조선에 미치기 시작했지만 일본이나 청에 비해 그 힘은 작은 편이었다.

러시아가 존재감을 드러내기 시작한 것은 청일 전쟁이 끝나면서부터다. 일본은 청일 전쟁에서 승리하여 할양받은 랴오둥반도를 러시아가 주도한 삼국 간섭으로 청나라에 반환해야 했다. 대륙을 침략하려면 랴오둥반도로 진출해야 하는 일본으로서는 낭패가 아닐 수 없었다.

반면 이때부터 조선에 대한 러시아의 영향력은 일본을 앞질렀다. 일본을 피해 러시아 공사관으로 도망가 있을 정도로 고종은 러시아를 믿었다. 그리고 고종이 러시아 공사관에 머문 1년여 동안 러시아는 조선의 온갖 이권을 손에 넣었고 정치적으로 가장 큰 영향력을 행사하는 나라로 급부상했다. 당시 독립 협회 인사들이 러시아를 가장 경계할 정도로 그 영향력은 막강했다.

그렇다고 일본이 물러난 것은 아니다. 이미 조선의 상권을 잡고 경제적으로 상당한 영향력을 행사하는 일본이었기에 조선을 둘러싼 일본과 러시아의 기싸움은 팽팽하게 이어졌다. 그리고 두 나라 모두 조선을 식민지로 만들려는 야욕을 드러내고 있었기에 서양의 여러 나라는 일본과 러시아 두 나라의 전쟁은 필연적이라고 예상했다.

일본과 러시아의 군사적 긴장 관계는 조선이 아닌 중국에서 먼저 시작되었다. 1899년 중국 청나라에서는 열강들의 중국 침략을 막아 보겠다며 의화단 운동이 일어났다. 교회와 철도 등을 공격하며 서양 열강을 몰아내자고 주장하는 의화단의 반제국주의 운동은 베이징, 톈진 등으로 번졌다. 이에 '세계 8강'이라 불리던 영국, 프랑스, 미국, 러시아, 독일, 이탈리아, 오스트리아 그리고 일본은 연합군을 형성하여 의화단을 진압했다. 의화단 진압에 성공한 8개국은 청나라와 신축 조약을 맺어 배상금을 받아 내고 베이징에 군대를 주둔시켰다.

그런데 여기에서 문제가 발생했다. 신축 조약을 맺고 나서 러시아 군대가 만주로 들어가 만주 일대를 점령한 것이다. 이는 청나라로부터 연해주를 빼앗은 러시아가 만주까지 점령하려는 속셈을 내보인 것으로 해석할 수 있는 행동이다. 대륙 진출에 만주가 필요한 일본은 러시아 군대의 만주 주둔에 반발했지만 러시아 군대는 물러나지 않았다. 이 사실은 일본뿐만 아니라 영국까지 긴장하게 만들었다. 세계 각지에서 러시아와 충돌하여 사이가 좋지 않은 영국 역시 러시아의 만주 진출을 저지하고 싶어 했다. 이런 이해관계로 영국과 일본은 손을 잡았고 이는 러일 전쟁의 승패를 좌우했다.

러시아 견제를 위한 영일 동맹 체결

조선을 두고 러시아와 일본이 경쟁을 벌이고 있었으나 아관파천 후 유리한 고지를 선점한 것은 러시아다. 일본을 압박하여 고종이 러시아 공사관에 머무는 것을 공식으로 인정하게 만들고, 나아가 대한 제국 선포 과정에 조언할 정도로 한반도 내에서 러시아의 입지는 탄탄했다.

중국에서도 마찬가지 상황이 벌어졌다. 러시아의 동맹국 독일은 1897년 러시아와 밀약을 맺고 칭다오 주변을 점령했다. 또한 1898년 러시아는 만주의 요충지에 해당하는 항구 도시 뤼순과 다롄을 조차하여 해군 기지와 요새를 건설했다. 이처럼 러시아의 침략과 영토 확장이 가시화됨에 따라 러시아를 견제하려는 영국과 일본의 이해관계는 맞아떨어졌다. 특히 한반도를 식민지로 삼으려는 일본 입장에서 러시아와의 대결은 피할 수 없는 일이었다. 이에 일본과 영국은 러시아를 견제하는 데 동의하고 동맹 관계를 형성했다.

1902년 1월 30일 영국 런던에서 만난 일본의 하야시 다다스와 영국의 랜스다운은 영일 동맹을 체결했다. 6개 조로 구성된 동맹 협약에서 일본은 조선에서, 영국은 중국에서 권리를 인정받고 군사 동맹을 맺었다.

영일 동맹 소식은 전 세계에 충격을 안겨 주었다. 아시아에서 떠오르는 국가지만 서양 열강에 비해 힘이 한참 못 미치는 일본이 세계 최강국 영국과 동맹을 맺었다는 사실만으로도 화제가 되었다. 더욱이 영일 동맹이 러시아를 견제하기 위한 것임을 훤히 알 수 있으므로 러시아는 긴장할 수밖에 없었다. 따라서 러시아는 1902년 3월 프랑스와 서둘러 동맹을 맺으며 일본 견제에 나섰다.

영일 동맹은 여기에서 멈추지 않았다. 1905년 8월 12일에 제2차 영일 동맹을 체결하고 군사 동맹 범위를 인도와 미얀마까지 확대했다. 이 동맹이 유지되는 1921년까지 두 나라의 우호 관계는 지속되었다. 이렇게 세계 최강국을 등에 업은 일본은 자신감을 얻고 전쟁 준비에 착수했다.

반면 러시아는 생각대로 일이 풀리지 않았다. 러시아가 만주를 차지하려 한 가장 큰 이유는 시베리아 횡단 철도 건설이었는데 재정과 물자의 부족, 험난한 지리적 상황 때문에 철도 건설에 어려움을 겪고 있었다. 게다가 뤼순, 다롄에 설치한 해군 요새는 겉모습만 그럴듯할 뿐 내부는 중국이 구축한 요새와 그리 다르지 않았다. 설상가상으로 러시아와 동맹을 맺은 프랑스는 영국과 불편한 관계가 되기를 꺼려 영국에 대해 중립적인 입장을 취하며 전쟁 시 러시아를 도와주지 않았다.

러일 전쟁의 발발

1904년 2월 8일과 9일 일본은 우리나라의 제물포, 러시아 조차지인 뤼순과 다롄에 정박해 있는 러시아 군함을 일방적으로 공격했다. 선전 포고도 없이 러일 전쟁이 시작된 것이다.

당시 러일 전쟁에서 일본의 승리를 예측한 사람은 없었다. 유럽 도박판에서는 러일 전쟁을 두고 어느 나라가 이길 것인지가 아니라 러시아가 얼마 만에 승리를 거둘 것인지를 두고 베팅이 진행되었다고 한다. 그도 그럴 것이 일본 육군은 20만으로 러시아의 5분의 1, 일본 해군은 러시아의 4분의 3 수준이었다. 또한 러시아의 발트 함대가 세계 최강 해군 중 하나임을 고려하면 전쟁에서 러시아가 승리하는 것은 불 보듯 뻔한 일이었다.

하지만 러일 전쟁은 러시아와 일본만의 전쟁이 아니었다. 러시아를 견제하려는 영국과, 만주 지역에 상품을 판매하려면 러시아의 만주 진출을 저지해야 하는 미국이 일본을 지원했다. 러시아 역시 동맹국 프랑스와 독일의 응원을 받고는 있었다. 그러나 이 두 나라는 다른 지역에서의 식민지 경영 문제, 영국과의 외교 문

러일 전쟁 시기 일본 대학생이 제작한 러시아를 풍자한 지도. '구아(유럽과 아시아) 외교 지도'라는 제목 옆 문어 머리에는 러시아를 뜻하는 '로서아'가 쓰여 있다(그림 17).

제 등으로 개입을 원치 않는 터라 러시아에 직접적인 지원은 하지 않았다. 러일 전쟁은 일본, 영국, 미국의 연합팀과 러시아의 3대 1 싸움이나 마찬가지였다.

　결국 전쟁은 일본의 최종 승리로 끝났지만 일본으로서도 쉽지 않은 전쟁이었다. 전쟁을 준비하고 러시아와 전투를 치르며 일본이 겪은 가장 큰 난관은 자금 문제다. 모든 전쟁은 어마어마한 돈을 필요로 하는 법인데, 러시아처럼 군사력이 앞선 나라를 상대하려면 더욱 그랬다. 일본은 다른 나라에 자금을 빌리려 했지만 러시아가 이길 것으로 예견되는 상황에서 돈을 빌려주려는 나라가 없었다.

이때 일본에 돈을 빌려준 사람이 미국의 은행가 제이컵 시프다. 유대인인 제이컵은 유럽 국가 중 유대인을 가장 박해하고 차별하는 러시아를 견제하고자 일본을 도운 것으로 알려져 있다. 일본이 승리한 것은 군사력 덕분이 아니라 제이컵 시프의 지원 덕분이라는 말이 있을 정도다.

러일 전쟁에서 가장 격렬했던 전투는 러시아가 자랑하는 발트 함대와 일본 해군이 맞붙은 동해 해전이다. 발트 함대는 1705년 창설된 후 해마다 병력이 증강된 세계 최강 부대로, 동해 해전에서 발트 함대가 질 것이라고는 아무도 예상하지 못했다. 하지만 동해로 투입된 49척의 발트 함대 가운데 부서지지 않고 러시아로 돌아간 군함은 단 세 척에 불과했고, 발트 함대 총사령관 로즈데스트벤스키 제독은 파편에 맞아 중상을 입고 일본의 포로가 되었다. 그야말로 러시아의 참패였다.

세계 최강 발트 함대가 이처럼 일본에 참패한 것은 영국 때문이다. 발트 함대는 이름에서 알 수 있듯이 주로 발트해 연안에서 활동한 해군이므로 동해에서 일본과 맞서 싸우려면 먼 거리를 이동해야 했다. 그나마 수에즈 운하를 통과하면 유럽에서 아시아로 넘어오기가 수월한데, 수에즈 운하의 통행권을 쥐고 있는 영국이 발트 함대의 수에즈 운하 통행을 허락할 리가 없었다. 하는 수 없이 아프리카 대륙을 돌아 아시아 가장 동쪽에 있는 동해까지 와야 했던 발트 함대는 이동에만 220일이 걸렸다.

또한 영국이 세계 곳곳에 있는 식민지에 군함의 이동에 필요한 석탄 수출 금지 명령을 내린 탓에 발트 함대는 연료 수급에도 어려움을 겪었다. 장장 220일이 걸려 동해로 온 발트 함대는 이미 지칠 대로 지쳐 있어 일본 해군을 상대하기에 힘이 부쳤다. 전쟁은 이틀 만에 싱겁게 끝나고 세계 최강 함대를 격파한 일본군 총사령관 도고 헤이하치로는 영웅이 되었다.

러일 전쟁의 마지막 전투인 봉천 전투(펑톈 전투)는 일본으로서는 몹시 힘겨운 싸움이었다. 1905년 2월에 벌어진 봉천 전투에 투입된 병력은 러시아 32만, 일본 25만이고 사상자는 러시아 9만, 일본 7만에 달했다. 이 전투에서 일본이 이기며 러일 전쟁은 마침내 일본의 승리로 막을 내렸다. 일본은 봉천에 입성한 1905년 3월 10일을 기억하기 위해 1945년 제2차 세계 대전 패전 전까지 그날을 육군 기념일로 삼았다. 일본에게 러일 전쟁과 봉천 전투의 승리는 그만큼 뜻깊은 일이었다.

조선을 벼랑 끝으로 몬 포츠머스 조약

러일 전쟁에서 승리를 거두었지만 어렵사리 이긴 일본으로서는 전후 처리를 두고 고민에 빠졌다. 일본은 미국에 중재를 부탁 했고 미국의 대통령 시어도어 루스벨트(뉴딜 정책으로 유명한 루스벨트 대통령과는 다른 인물)는 일본과 러시아 대표를 미국의 포츠머스로 불러 협상을 진행했다. 이때 맺어진 조약이 포츠머스 조약이다.

포츠머스 조약은 다음 세 가지로 요약할 수 있다. 첫째, 러시아는 조선에 대한 일본의 우월권과 보호권을 인정한다. 둘째, 러시아는 만주에서 철병하고 랴오둥반도의 조차권과 남만주 철도를 일본에 양도한다. 셋째, 러시아는 일본에 북위 50도 이하의 사할린을 할양한다.

포츠머스 조약으로 러시아는 땅과 철도를 일본에 빼앗기고, 조선에 대한 권리를 일본에 넘겨주며 일본이 조선을 보호국 즉 식민지로 삼는 것을 인정했다. 이로써 일본은 조선을 식민지로 만들 수 있는 권리를 국제 사회에서 인정받은 셈이다. 말하자면 일본이 조선을 식민 지배하는 데에 어떤 나라도 이의를 제기하지 않게 되었다는 의미다.

이러한 포츠머스 조약은 조선 정부와 한마디 상의 없이 강대국끼리 정한 부당한 것이다. 하지만 아이러니하게도 포츠머스 조약을 중재한 시어도어 루스벨트 대통령은 러일 전쟁을 끝내고 세계 평화에 기여했다는 이유로 그해 노벨 평화상을 받았다. 우리나라에 대해 전혀 알지 못하면서 우리나라의 주권을 마음대로 일본에 넘겼는데 세계 평화에 기여했다는 평가를 받은 것이다. 심지어 시어도어 루스벨트는 "조선은 자치 능력이 없으므로 일본이 조선을 통치하는 것은 세계를 위해 좋은 일"이라는 말까지 했다.

포츠머스 조약으로 러일 전쟁이 마무리됨으로써 조선을 둘러싼 전쟁은 전부 끝났다. 이는 일본이 조선을 식민지로 만들 준비를 완료했다는 뜻이나 다름없었다.

노동자를 외면한 황제, 피의 일요일 사건

러일 전쟁 당시 러시아 황제는 니콜라이 2세다. 니콜라이 2세는 1894년 아버지 알렉산드르 3세의 뒤를 이어 황제 자리에 올랐다. 기록에 따르면 니콜라이 2세는 소심한 성격이라 공적인 자리에 나서는 것을 힘들어했다고 한다. 운동을 즐기고 가족들과 오붓하게 어울리는 것을 좋아하다 보니 좋은 아버지는 될 수 있었으나, 한 나라의 황제로서는 자질이 부족했다.

니콜라이 2세 집권 시기 러시아는 유럽에서 후진국에 속했다. 많은 유럽 국가가 산업 혁명으로 산업화에 박차를 가하고 있는 가운데 러시아는 여전히 농업에 의존하고 있었다. 이에 니콜라이 2세는 산업화를 위해 노력하여 러시아 경제는 발전 기반을 마련하는 듯했다. 하지만 러일 전쟁이 발발하자 러시아는 재정적으로 어려움을 겪을 수밖에 없었다. 게다가 빠르게 산업화를 추진하고자 노동자들의 희생을 강요하고 있는 터라 노동자를 비롯한 하층민의 생활고는 가중되었다.

러시아의 발전을 가로막는 또 다른 이유가 있었는데 바로 그레

고리 라스푸틴이다. 라스푸틴은 성직자로 알려진 인물로, 혈우병에 걸린 니콜라이 2세의 아들을 치료해 주면서 신임을 얻어 정계에 진출한다. 라스푸틴은 니콜라이 2세의 배후에서 내정뿐 아니라 외교까지 간섭했다. 사람들을 현혹하는 말솜씨를 지닌 라스푸틴은 니콜라이 2세의 부인 알렉산드라 황후의 마음을 사로잡았고, 신경 쇠약에 시달리는 황후는 라스푸틴 없이는 단 하루도 마음 편히 지내지 못했다고 한다. 니콜라이 2세와 황후 알렉산드라의 전폭적인 지지를 받는 라스푸틴은 러시아 정치를 마음대로 주물렀다.

라스푸틴이 권력을 이용해 사리사욕을 채우려고 가혹할 정도로 세금을 거두는 바람에 농민들은 생계유지마저 위협받았다. 그러나 황제 니콜라이 2세는 이러한 사실을 추호도 알지 못했다. 니콜라이 2세는 라스푸틴을 비롯한 일부 관리들이 하는 듣기 좋은 말만 믿었고, 그들은 사실을 거짓으로 꾸며 전달하기 일쑤였다. 이렇듯 러시아는 정치적·경제적으로 어려움에 봉착해 있었다.

그러던 중 '피의 일요일'이라는 끔찍한 일이 벌어지고야 만다. 러일 전쟁으로 세금 부담이 늘어나고 생필품 가격이 급등해 러시아 사람들의 삶은 궁핍해졌는데, 그중에서도 노동자들이 체감하는 어려움은 더욱 컸다. 1904년 12월 수도 페테르부르크의

한 공장에서 노동자 네 명이 해고되자, 이에 항의하여 15만 노동자가 파업을 일으켰다. 해고에 대한 불만도 불만이지만 그간 고용주로부터 멸시받고 착취당해 온 불만이 터져 나온 것이다.

사태가 심각해지자 노동자들은 이 문제를 황제가 해결해 줄 것이라고 생각했다. 왜냐하면 러시아 사람들은 황제가 어버이고 백성은 자식이나 다름없다는 관념을 지니고 있어, 백성의 아픔을 당연히 황제가 해결해 줄 것이라고 믿은 것이다.

1905년 1월 9일 일요일 새벽 페테르부르크의 황궁 앞에 모인 군중은 시위를 벌였다. 황제에게 도움을 청하는 것이 목적이기에 축제일처럼 나들이 복장을 하고 평화롭게 행진했다. 또 행렬의 선두는 교회 깃발과 성상 그리고 황제 니콜라이 2세의 초상화를 높이 들었다. 하지만 시위대가 황궁 앞으로 행진한다는 소식에 니콜라이 2세는 군부대에 시위대 진압을 명령하고 전날 궁을 빠져나가 외곽으로 피신했다. 황궁 근처뿐만 아니라 도심, 공장 외곽 지대에 시위대를 진압할 군부대가 배치되었다. 이 사실을 모르는 노동자와 그 가족 20여만 명은 노래를 부르며 황궁으로 향하다가 시위대를 멈추어 세우는 군부대와 마주했다.

쿠데타나 싸움을 원하는 게 아니라 그저 자신들의 요구를 황제에게 전하기 위해 모인 것이라 그들은 왜 군인들이 막아서는지 이해하지 못했다. 황궁으로 행진을 계속하려 하자 군인들은 시

시위대를 막기 위해 페테르부르크의 겨울 궁전 광장을 봉쇄한 기병대. 시위대의 청원서에는 이런 내용이 있었다. "저희 요구를 들어주겠다고 약속하시면 러시아는 행복해집니다. ……저희에게는 자유와 행복으로 가느냐, 무덤으로 가느냐, 오직 이 두 길밖에 없습니다"(그림 18).

위대를 향해 총을 발포했다. 무방비 상태인 시위대는 1천 명가량 죽고 4천 명 이상이 부상당하는 대참사가 빚어졌다. 이것이 피의 일요일 사건이다.

피의 일요일 사건을 겪으며 러시아 사람들에게는 변화가 생겼다. 부모처럼 여겨 온 황제에 대한 믿음이 깨지면서 오히려 반항심이 고개를 든 것이다. 이때부터 황제가 없는 공화국을 세우자는 주장이 등장했다. 무려 66개 도시에서 노동자 44만 명이 자신들을 지키기 위해 무장을 하고 파업에 참여했다. 1917년 볼셰비키 혁명으로 제정 러시아는 몰락하고 니콜라이 2세는 처형되었다. 아무런 저항도 하지 못하는 백성들을 무참히 죽인 니콜라이 2세와 제정 러시아는 그렇게 역사 속으로 사라졌다.

을사늑약은
왜 '늑약'이라고
불릴까?

일본의 러일 전쟁 승리는 러시아를 물리쳤다는 것 이상의 의미가 있었다. 그것은 곧 한반도를 두고 각축전을 벌여 온 청, 일본, 러시아 가운데 일본이 최종 승리하여 한반도의 명실상부한 주인이 될 수 있다는 뜻이었다.

물론 한반도를 차지하려면 대한 제국을 이끄는 고종과 대한 제국 정부의 승인이 필요했다. 하지만 이제 세계 어떤 나라도 일본이 대한 제국을 식민지로 삼는 데 제동을 걸지 않으리라는 사실만은 확실했다. 일본은 한반도를 식민지로 만들 작업에 돌입했고 가장 중대하면서 핵심이 되는 을사늑약을 밀어붙였다.

러일 전쟁 기간 중에 맺은 밀약

러일 전쟁은 한반도 지배권을 두고 벌이는 중요한 전쟁이었다. 하지만 영국과 미국의 지지를 받는 일본은 여유가 넘쳤으며 전쟁이 채 끝나기도 전에 대한 제국을 식민지로 삼기 위한 작업에 들어갔다.

1904년 2월 23일 러일 전쟁이 발발하자마자 일본은 한일 의정서를 강제로 체결했다. 한일 의정서는 대한 제국 정부가 일본을 적극 도와야 하며, 필요한 경우 일본이 대한 제국의 영토를 마음대로 사용할 수 있도록 규정했다. 같은 해 8월 22일 일본은 제1차 한일 협약을 맺고 재정 고문으로 메가타 다네타로를, 외교 고문으로 미국인 더럼 스티븐슨을 대한 제국에 파견했다. 두 사람은 대한 제국의 재정과 외교 분야에서 실권을 쥐고 일본에 유리한 정책을 세움으로써 추후 일본의 식민 지배를 용이하게 했다.

러일 전쟁에서의 승리가 가시화되자 일본은 열강으로부터 한반도의 식민지화를 지지받고자 했다. 1905년 7월 27일에는 미국과 가쓰라·태프트 밀약을 맺고 8월 12일에는 영국과 제2차 영일 동맹을 맺었다. 이 둘을 통해 일본은 미국과 영국으로부터 한반도 지배를 승인받았다.

러일 전쟁 후 1905년 9월 5일 맺은 포츠머스 조약에서 일본은 한반도 지배를 러시아가 인정한다는 내용을 포함시켰다. 이로써 일본은 한반도를 둘러싼 세 열강인 미국, 영국, 러시아로부터 한반도 식민 지배를 인정받은 셈이다.

고종 없이 체결된 을사늑약

1905년 9월 포츠머스 조약이 맺어진 뒤 일본의 외무대신 고무라 주타로, 주한 일본 공사 하야시 곤스케, 총리대신 가쓰라 다로는 대한 제국의 보호국화, 말하자면 한반도를 식민지로 삼을 방법을 논의했다. 사실 일본에서는 한반도를 식민지로 만들 수단으로 전쟁과 자발적 합병 승인, 이 두 가지를 염두에 두고 고종이 합병을 거부하면 전쟁도 불사할 계획이었다.

일본 정부는 전쟁보다 자발적 서명을 통한 합병 승인을 원했다. 이제 막 아시아 유일의 선진국으로 인식되기 시작한 터라 무력을 동원하지 않는 편이 이미지 개선에 도움이 된다고 판단했기 때문이다. 1905년 11월 일본은 이토 히로부미를 대한 제국에 보내 한일 협약안을 제출하고 승인을 요구했다. 이때 일왕은 "동양 평화를 위해 이토를 파견하니 이토의 지휘를 따라 달라"라는 내용의 친서를 보내 고종을 위협했다.

또한 친일 단체인 일진회으로 하여금 보호 조약 체결의 필요성을 선전하게 했다. 송병준, 이용구 등 친일파로 구성된 일진회는 보호 조약을 맺으면 강대국 일본의 보호를 받게 되어 다른 나라의 침략으로부터 나라를 지킬 수 있으며 궁극적으로 나라 발전에 도움이 된다고 홍보했다. 심지어 보호 조약이 대한 제국에 유리하므로 하루 빨리 체결해야 한다고 주장했다.

하지만 고종과 조정의 주요 대신들은 일본이 보낸 한일 협약안에 반대 의사를 표명했다. 그도 그럴 것이 일본의 협약안대로라면 대한 제국은 보호를 받는 나라이므로 당연히 모든 결정을 일본이 하도록 되어 있었다. 즉 대한 제국은 결정권이 없는 나라가 되어 일본이 하라는 대로 하는 식민지가 되는 것이다.

고종이 한일 협약안에 서명하지 않자, 일본은 고종을 제외하고 대신들을 불러 회의를 열었다. 여기에서도 의견이 모아지지 않아 이토 히로부미는 대신들을 한 사람 한 사람 따로 만나 조약 체결에 관한 찬반 의견을 물었다. 대신 가운데에는 조약 체결에 적극 반대하는 인사도 있었으나 찬성을 표명하는 인사도 있었다.

이에 이토 히로부미는 찬성하는 대신들만 모아 회의를 열었다. 이 자리에서 이토 히로부미는 대신들이 원하는 방향으로 조약을 약간 수정하여 승인받았다. 이때 한일 협약안에 서명한 관료는 다섯 명으로 외부대신 박제순, 내부대신 이지용, 군부대신 이근택, 학부대신 이완용, 농상공부대신 권중현이다. 이들이 바로 '을사 5적'이다.

이때 맺은 조약의 내용은 크게 세 가지다. 첫째, 앞으로 일본이 한국(여기에서의 '한국'은 대한 제국을 줄여서 부르는 표현이다)의 외교를 감독·지휘한다. 둘째, 한국 정부는 일본의 중개를 거치지 않고는 국제적으로 어떤 조약이나 약속도 맺을 수 없다. 셋째, 일본은 한국에 통감을 파견하여 외교와 관련된 사안을 관리한다. 이 내용에 따르면 한국은 국제 사회에서 일본의 허락 없이 아무 것도 할 수 없는 일본의 식민지가 되는 것이다.

이윽고 이 조약에 따라 한국은 외교권을 일본에 박탈당하고 외국에 있는 외교 기관을 전부 폐지했다. 또한 영국, 미국, 중국, 독일, 벨기에 등에 파견되어 있는 주한 공사들도 철수하여 돌아왔다. 1906년 2월 통감부가 설치되고 이토 히로부미가 초대 통감으로 취임했다. 이후 통감부는 외교뿐만 아니라 내정에도 간섭하며 우리 정부를 압박했다.

부당한 을사늑약에 대한 저항

1905년 맺어진 조약을 일본은 제2차 한일 협약 혹은 을사 보호 조약이라 명명했지만 우리는 을사늑약이라고 부른다. 늑약은 '억지로 맺은 조약'이라는 뜻으로, 을사늑약이라는 말에는 고종이 없는 자리에서 대신들이 일본과 강제로 맺은 불법 조약이라는 뜻이 담겨 있다.

실제로 체결 당시 고종은 자리에 있지 않았는데, 당시 헌법인

대한국 국제에 따르면 외국과의 조약권을 가진 황제가 동의하지 않은 을사늑약은 당연히 무효다. 조약 체결안에는 외부대신 박제순이 주한 일본 공사 하야시 곤스케와 조약을 체결한 것으로 되어 있다. 박제순이 고종을 대신한다는 위임장이 첨부되어 있기는커녕 조약 명칭조차 기재되어 있지 않다. 이것으로 보아도 을사늑약은 명백한 불법 조약이다.

　고종은 을사늑약의 불법성을 국제 사회에 알려 조약을 무효화하려고 노력했다. 우선 을사늑약이 체결되고 나흘 뒤 미국인 황실 고문 호머 헐버트에게 친서를 보냈다. 친서에서 고종은 한일 양국 사이에 맺어진 보호 조약은 무효이고 자신은 이에 동의한 적이 없음은 물론 앞으로도 동의하지 않을 것이라며, 이를 미국 정부에 전달해 달라고 요청했다.

을사늑약의 불법성이 전 세계에 알려지자, 영국의 《런던 타임스》는 을사늑약이 강압적으로 체결된 사실을 상세하게 보도했다. 또한 프랑스 공법학자 레이는 을사늑약이 강제로 맺어진 점, 황제가 직접 서명하지 않은 점을 들어 무효임을 주장했다. 국내에서도 을사늑약을 무효화하려는 활동이 전개되었다. 전·현직 관료와 유생 들은 조약 폐기, 을사 5적 처단, 국권 회복 등을 주장하며 상소를 올렸다. 조약 체결에 항의하는 집회에 수천 명이 참여하고 종로의 상인들은 항의의 뜻으로 시장을 철수했다.

정부 관료 가운데에서는 조약을 막아 내지 못한 데 책임을 느껴 스스로 목숨을 끊음으로써 조약의 무효를 주장하는 사람들마저 있었다. 좌의정 조병세, 전 참판 홍만식, 전 대사헌 송병선, 학부 주사 이상철 등은 음독 자결했다. 고종의 시종무관장 민영환은 죽어서도 힘을 보탤 테니 힘을 모아 자주독립을 되찾자는 유서를 남기고 자결했다. 이 유서는 1905년 12월 1일 《대한매일신보》에 실려 많은 사람을 자극함으로써 항일 운동이 활기를 띠도록 불을 붙였다.

법부 주사 송병찬, 참찬 이상설, 주영 공사 이한응, 병정 전봉학·윤두병·이건석 등 또한 죽음으로 을사늑약 무효와 조국 수호를 외쳤다. 죽음으로 조약에 반대한 사람 가운데에는 한양에 머물고 있던 일본인 니시자카 유타카와 청나라 사람 반종례도 있는데 이들은 투신 자살했다.

한편 좀 더 적극적인 방법으로 일본에 맞서는 사람들도 있었다. 한반도에서 일본을 몰아내고자 스스로 군인이 되고 군대를 조직하여 의병 활동을 벌인 것이다. 충청도의 민종식, 전라도의 최익현, 경상도의 신돌석, 강원도의 유인석이 바로 그들이다. 전 참판 민종식은 충청남도 내포에서 의병 1천여 명을 규합하여 일본군 100여 명을 사살하는 성과를 냈으며, 일흔네 살의 전 참찬 최익현은 전 군수 임병찬 등과 함께 900여 명을 모아 전라북도 등지에서 일본군에 맞섰다. 평민 출신 의병장 신돌석은 농민 300여 명과 경상북도 영해에서 봉기하여 경상도와 강원도 일대에서 일본군과 싸웠으며, 그 세력이 3천 명까지 커지는 등 당시 최고의 의병 부대로 활약했다.

종교 단체의 활동 또한 이어졌다. 유교와 크리스트교 단체들은 연구 단체를 만들어 을사늑약의 부당함을 알리고자 힘쓰는 한편, 산하에 비밀 결사를 두고 저항 활동을 전개했다. 대종교를 창시한 나철과 오기호는 을사늑약에 서명한 을사 5적을 처단하기 위해 5적 암살단을 조직했다.

일본은 무력으로 이러한 저항을 탄압했다. 을사늑약의 부당함과 이토 히로부미를 비난하는 글 〈시일야방성대곡〉이 《황성신문》에 게재되자, 《황성신문》의 발행을 일시적으로 중단시키고 사장 장지연을 체포했다. 의병 활동을 하다 체포되어 쓰시마로 유배된 최익현은 쓰시마에서 일본인이 주는 음식은 먹지 않겠다고 거부하다가 옥사했다. 을사늑약을 무효로 만들기 위한 고종의 활동이 지속되자, 일본은 고종을 강제 퇴위시키고 순종을 즉위시켰다.

을사늑약은 법적으로 볼 때 불법으로 맺어진 것으로 무효가 확실하다. 위임장도 없는 일개 관리가 국왕을 대신하여 국제 조약을 맺는 것 자체가 실효성이 없기 때문이다. 그러나 일본은 을사늑약을 합법적이라 주장했고, 일본을 지지하는 미국과 영국 정부는 그 주장을 받아들였다. 결국 고종과 관리들, 민중의 갖은 노력에도 불구하고 을사늑약은 실효성을 지닌 조약으로 인정되어 대한 제국은 외교권을 빼앗긴 식민지가 되고 말았다.

인도 분열의 신호탄이 된 벵골 분할령

영국의 식민지 인도에서는 세포이 항쟁 후 다양한 반영 운동이 일어났다. 따라서 영국은 인도를 지배하는 데 어려움을 느끼며 반영 운동을 약화시킬 방법을 모색했다. 그런 와중에 내놓은 묘안이 벵골 분할령이다.

인도 북부에 위치한 벵골 지방은 인구가 많고 반영 기운이 높은 곳이었다. 영국은 효율적 행정을 위해 벵골 지방을 동서로 나누어 동벵골에는 이슬람교 신자(무슬림)들이, 서벵골에는 힌두교 신자들이 모여 살게 하겠다고 발표했다. 이는 벵골 지방을 중심으로 한 반영 운동을 약화시키려는 술책이었다.

인도에는 다양한 종교가 있는 가운데 힌두교와 이슬람교 신자가 가장 많았다. 힌두교는 인도에서 창시된 인도 고유의 종교로 생활 곳곳에 깊이 뿌리내리고 있고 신자 수가 가장 많았다. 한편 이슬람교는 서남아시아에서 창시되어 인도에 전파된 종교인데, 평등사상을 내세우며 많은 인도인의 공감을 얻어 대중 종교로 발전할 수 있었다. 특히 인도의 마지막 왕조 무굴 제국이 이슬람

왕조이기 때문에 수많은 이슬람교도가 있었다.

이들은 종교는 다르지만 인도 안에 공존했으며 독립운동을 할 때도 종교와 무관하게 함께 활동했다. 그런데 영국이 갑자기 힌두교도가 사는 지역과 이슬람교도가 사는 지역을 분리·통치하겠다는 정책을 발표한 것이다. 이는 두 종교인으로 하여금 같은 민족이 아닌 것으로 인식하여 적대시하도록 만들려는 속셈으로, 누가 보아도 인도의 독립운동을 분열시키려는 의도였다.

벵골 분할령에 가장 크게 반발한 단체는 인도 국민 회의다. 인도 국민 회의는 영국이 인도 지식인들을 회유하기 위해 조직한 단체로, 주로 친영 인사들이 가입하여 영국의 식민 지배에 협조하는 활동을 했다. 하지만 벵골 분할령이 발표되고 그것이 인도인을 분열시키기 위한 획책임이 드러나자, 인도 국민 회의는 반영 운동에 앞장섰다. 1906년 캘커타 4대 강령을 채택하고 영국의 독립운동 분열 획책을 비난했다. 이처럼 반영 투쟁이 격화되자 영국은 1911년 벵골 분할령을 철회했다. 이렇게 벵골 분할령은 사라지는 듯했다.

그러나 벵골 분할령은 제2차 세계 대전이 끝나고 인도가 독립하는 과정에 또다시 등장한다. 영국의 식민 지배를 받던 인도는 제2차 세계 대전 이후 독립을 인정받고 독립 국가 건설을 앞두고 있었다. 그때 벵골 분할령이 또다시 언급되었다. 영국의 과거 주

장처럼 힌두교도와 이슬람교도가 따로 사는 게 좋을 수도 있다
는 의견이 제시된 것이다. 이에 1947년 제2차 벵골 분할령이 내
려져 인도인들은 종교에 따라 거주지를 정해 이동했다.

결국 인도 국민은 종교에 따른 분리 독립에 합의하여 힌두교
신자는 지금의 인도 지역으로, 이슬람교 신자는 인도 북쪽으로,
불교 신자는 스리랑카로 이동했다. 이러한 과정을 겪으며 인도
(힌두교), 파키스탄(이슬람교. 동파키스탄과 서파키스탄으로 분리),

스리랑카(불교) 즉 세 나라, 네 지역으로 분리 독립했다. 그리고 1971년 동파키스탄은 독립 전쟁에 성공하여 방글라데시가 되었다. 따라서 동파키스탄과 서파키스탄으로 나뉘었던 파키스탄은 방글라데시와 파키스탄이 되었다.

이렇게 우여곡절 끝에 인도는 네 나라로 쪼개졌다. 그리고 그 출발점은 영국이 제안한 벵골 분할령이다. 벵골 분할령이 없었다면 인도 사람 누구도 종교에 따라 나라를 분리하자는 생각을 못 했을 것이다. 그리고 분리 독립으로 여러 문제가 발생했고 그 여파는 아직 계속되고 있다. 이를테면 분리 독립 과정에서 벌어진 카슈미르 지역의 주도권 싸움 때문에 발생한 인도와 파키스탄 간 전쟁은 끝나지 않고 있으며, 방글라데시가 독립하는 과정에서는 파키스탄이 독립을 막는 바람에 약 30만 명이 희생되었다.

오늘날 세계 각국이 중국을 의식하는 가장 큰 이유는 인구가 많기 때문이다. 그런데 세계 인구 순위를 보면 인도가 2위, 파키스탄은 5위, 방글라데시는 8위에 올라 있다. 이 세 나라의 인구를 합하면 중국보다 많다. 네 국가로 분리되지 않았다면 인도는 중국보다 무서운 나라가 되었을지도 모른다. 그런 인도가 여러 국가로 나뉜 신호탄이 된 사건이 바로 벵골 분할령이다.

고종은 어떻게 헤이그 특사를 파견했을까?

을사늑약이 체결되고 대한 제국은 사실상 일본의 식민지로 전락했다. 하지만 국권 회복을 위한 노력은 계속되었고 대한 제국의 황제 고종은 식민지화되는 나라를 그저 지켜보고 있지만은 않았다. 일본을 몰아내기 위한 비밀 조직이 만들어지고 국제 사회에 억울함을 호소하며 도움을 요청하기도 했는데, 그중 가장 인상 깊은 활동으로 손꼽히는 것이 헤이그 특사 파견이다.

그런데 헤이그 특사는 그 어려운 시기에 어떻게 파견되었으며, 어떤 결과를 가져왔을까?

헤이그에서 열린 제2차 만국 평화 회의

'헤이그 회담'이라고도 불리는 만국 평화 회의는 1899년과 1907년 두 차례에 걸쳐 네덜란드 헤이그에서 열린 국제 평화 회담이다. '국제법의 아버지'라고 불리는 네덜란드 출신 법학자 그로티우스가 등장하면서 국제 평화를 위한 국제법 제정 여론이 형성된 것이 이 회의 개최의 배경이다. 만국 평화 회의의 주목적은 전쟁, 특히 육상전에서 지켜야 할 원칙이나 규칙을 만들고 이에 합의함으로써 전쟁과 관련된 국제법을 만드는 것이었다.

제1차 회의에는 26개국이, 제2차 회의에는 44개국이 참가하여 논의했다. 그 결과 '육상전 법규와 관례에 대한 조약'이 채택되었다. 중요한 규정으로는 교전자의 정의와 선전 포고, 전투원 및 비전투원의 정의, 포로 및 부상병의 취급, 사용해서는 안 되는 전술, 항복, 휴전 등이 있다. 즉 만국 평화 회의는 전쟁 당사국 간에 지켜야 할 규정을 만들어 인권을 보호하고 전쟁으로 인한 피해를 최소화하는 방법을 모색하기 위한 국제법 제정이 목적이었다. 이 밖에 유독 가스 및 특수 탄환 사용 금지, 국제 중재 재판소 설치 등에도 합의했다. 제3차 만국 평화 회의는 1914년 열리기로 했다가 1915년으로 연기되었는데, 1914년 제1차 세계 대전이 발발하면서 취소된 후 열리지 못했다. 제2차 회담으로 만국 평화 회의는 종료되었지만, 이 회의에서 정해진 육상전에 관한 규정은 몇 차례 수정·보완을 거쳐 오늘날에 이르고 있다.

만국 평화 회의가 우리 역사에서 중요한 이유는 제2차 만국 평화 회의에 고종이 특사를 파견했기 때문이다. 일명 '헤이그 특사'로 불리는 이들은 제2차 만국 평화 회의에 참석하여 일본의 강압적인 조약 체결 및 을사늑약의 불법성을 알릴 계획을 세웠다. 그리고 미국인 호머 헐버트와 여러 선교사의 도움으로 국제적인 홍보 활동을 펼쳤다.

원래 1904년 열릴 계획이던 제2차 만국 평화 회의는 러일 전쟁으로 연기되었다가 1907년 6월 15일부터 10월 18일까지 열렸다. 제2차 만국 평화 회의는 전 세계 대표들이 한곳에 모여 넉 달 넘게 회담을 하는 행사이므로, 그곳에서 을사늑약의 부당함과 대한 제국의 억울함을 알려 우리나라를 지지하는 여론을 형성함으로써 을사늑약을 무효화하고 우리의 독립을 되찾을 수 있는 국제적인 기회의 장이었다.

모든 시도가 좌절된 헤이그 특사

1907년 제2차 만국 평화 회의가 네덜란드 헤이그에서 열리게 되자 고종은 특사를 보내기로 결정했다. 강압적인 조약 체결 과정과 억울함을 호소한다면 을사늑약을 파기할 수 있을지도 모른다고 생각했기 때문이다. 대표는 전 의정부 참찬 이상설이 맡고 전 평리원 검사 이준과 주러시아 한국 공사관의 참서관 이위종이 동행하기로 하며 특사는 세 명으로 구성되었다.

특사 파견에서 가장 큰 문제는 경비 조달이었다. 대한 제국 정부로서는 세 사람이 유럽으로 이동하고 머물 수 있는 비용을 마련하기가 버거웠다. 경비를 해결하기 위해 이준은 김구와 함께 상동 감리 교회의 전덕기 담임 목사를 찾아가 도움을 청했다. 이에 상동 감리 교회의 교인들은 종로와 숭례문 주변 시장 상인들과 함께 경비를 모았다. 또 미국인 선교사 헐버트가 주도한 선교사들의 지원도 자금 마련에 도움이 되었다.

경비가 준비되자 일본의 눈을 피하기 위해 비밀리에 특사 세 명은 따로 출발했다. 이상설은 만국 평화 회의 개최 1년 전인 1906년 4월 한국을 떠나 북간도 용정촌에 머물렀다. 이준은 1907년 4월 블라디보스토크로 가 그곳에서 이상설을 만났다. 그리고 두 사람은 6월 중순 시베리아 횡단 열차를 타고 러시아의 수도 페테르부르크로 가서 이위종을 만났다. 이위종은 전 러시아 공사 이범진의 아들로 러시아에 머물고 있었다.

어렵게 러시아에서 합류한 이상설, 이준, 이위종으로 구성된 헤이그 특사는 1907년 6월 25일 헤이그에 도착했다. 제2차 만국 평화 회의가 6월 15일에 열렸으니 회의 개막 후 열흘이 지나고 도착한 셈이다. 이들이 헤이그에 도착하기까지 헐버트의 역할이

컸다. 헐버트는 다른 선교사들과 함께 특사가 일본의 감시망을
피해 무사히 헤이그에 도착할 수 있도록 도왔다.

　험난한 여정을 거쳐 도착한 세 사람은 헤이그에서 뜻한 바대
로 활약할 수 없었다. 6월 29일 회의를 주재한 러시아 대표 넬리
도프 백작을 찾아갔지만 면담을 거부당했다. 백작은 을사늑약이
이미 국제적으로 승인된 조약이므로 이 문제의 거론은 불가능하
다는 입장을 밝혔다. 6월 30일에는 미국, 영국, 프랑스, 독일 대표
를 찾아갔으나 역시 거절당했다. 7월 1일에는 개최국 네덜란드
의 외무장관을 방문해 면담을 요청하나 마찬가지로 거절당하고

말았다. 대한 제국의 이러한 활동을 예상한 일본이 미리 서양 대표들에게 일본 편이 되겠다는 약속을 받았기 때문이다.

모든 시도가 좌절되었을 때 헐버트가 나서서 다시금 헤이그 특사의 활동을 도왔다. 서양 언론을 만나 대한 제국의 입장과 억울함, 을사늑약의 부당함을 알릴 수 있는 자리를 마련한 것이다. 헐버트의 주선으로 한국 대표는 만국 평화 회의를 계기로 개최된 '국제주의 재단' 집회에서 연설을 할 수 있었다.

프랑스어, 영어, 러시아어를 유창하게 구사하는 이위종은 '대한 제국의 호소'라는 제목으로 강연을 했다. 또한 독립을 위해 미국에서 활동하는 윤용구와 헐버트가 을사늑약의 불법성을 알리는 연설을 했다. 이 연설은 세계 각국 언론에 보도되며 주목을 끌었고 한국의 처지를 동정하는 결의안이 마련되었다. 하지만 거기까지였다. 대한 제국의 처지를 딱하게 여기는 여론은 형성되었으나 을사늑약을 없던 일로 되돌릴 수는 없었다.

타국에서 세상을 떠난 특사들

헤이그 특사와 헐버트의 노력에도 불구하고 을사늑약을 무효화하는 활동에 실패한 후 이위종은 먼저 네덜란드를 떠나 페테르부르크로 향했다. 다음 날 네덜란드 신문에 이준 특사가 얼굴에 난 악성 종기 때문에 중태에 빠졌다는 기사가 실리더니 그다음 날 덜컥 세상을 떠났다. 이를 두고 화병, 감염설, 자살설, 독살설 등 여러 주장이 제기되나 정확한 사인은 밝혀지지 않았다. 네덜란드에서 발표한 공식 사인은 화병이다.

이준 열사 장례 문제로 다시 모인 헤이그 특사는 그 뒤 여러 나라를 순방하며 국권 회복을 위한 외교 활동을 했다. 일본은 헤이그 특사가 불법 행위를 저지른다며 특사 세 사람이 참석하지 않은 채 재판을 열어 이위종과 이미 세상을 떠난 이준에게 종신형을, 이상설에게는 사형을 선고했다. 이 때문에 이위종과 이상설은 고국으로 돌아오지 못하고 결국 타지에서 죽음을 맞이했다.

또한 일본은 고종에게 헤이그 특사 파견의 책임을 물어 강제로 물러나게 하고 순종을 황제 자리에 즉위시켰다. 순종이 즉위한 지 나흘 후 일본은 한일 신협약에 승인하도록 강요하여 조약을 공식 체결했다. 한일 신협약은 일본인 통감에게 내정을 지휘·감독할 수 있는 권한을 부여함으로써 대한 제국을 완전히 식민지화하려는 조치였다.

이 한일 신협약으로 일본인 차관이 대한 제국에서 정치 활동을 할 수 있게 되자(차관 정치), 일본은 자기네 나라 사람을 공무원으로 고용해 정치에 간섭했다. 그 결과 1909년 대한 제국 정부에 고용된 일본인 관리 수는 자그마치 2천여 명을 헤아렸다. 대한 제국 행정 기관 대부분이 일본인 손아귀에 넘어간 꼴이다.

제4의 헤이그 특사 호머 헐버트

을사늑약의 부당함을 알리고자 헤이그에 특사가 파견되어 활약하는 모든 과정에서 도움을 준 외국인이 있으니 미국인 선교사 호머 헐버트다. 1863년 1월 26일 미국 버몬트주에서 태어난 헐버트는 1886년 육영 공원 교사로 우리나라에 왔다.

육영 공원은 우리나라 최초의 근대식 국립 교육 기관이다. 육영 공원의 영어 교사로 재직하며 한글을 배운 헐버트는 3년 만에 한글로 책을 쓸 정도로 실력을 갖추었다고 한다. 1891년 순 한글 지리·사회 저서인 《사민필지》를 집필해 교과서로 사용했다. 특히 헐버트는 '한글은 현존하는 문자 가운데 가장 우수한 문자'라고 칭송하며 한글 애용을 주장했다.

이처럼 한글과 우리나라에 깊은 애정을 가진 헐버트는 육영 공원 외에 제중원 학당, 배재 학당, 한성 사범 학교, 관립 중학교 등에서 교사로 재직하며 교육 활동에 매진했다. 그러던 중 1895년 을미사변이 터지자 헐버트는 고종을 호위하고 보좌하며 자문하는 역할을 맡았다. 이때부터 헐버트는 고종이 서방 국가들과 외

서울시 양화진 외국인 묘지에 있는 호머 헐버트의 묘비. 그는 서재필 등과 《독립신문》을 발간하고 한글을 사랑하여 주시경과 함께 국문 연구소를 세워 한글을 연구했다. 또한 구전으로만 내려오던 〈아리랑〉을 서양식 음계로 채보하기도 했다(그림 19).

교하고 대화하는 창구 역할을 해내며 고종이 가장 깊이 신뢰하는 외국인이 되었다.

1903년부터는 《타임스》의 객원 특파원, 1904년에는 AP통신의 객원 특파원을 지내며 언론인으로 활동한 덕에 헤이그 특사에게 서양 언론과의 만남을 주선할 수 있었다. 헤이그 특사의 활동은 헐버트가 없었다면 아예 불가능한 일이었기에 그를 '제4의 특사'라고 일컫는다.

헤이그에서 펼친 헐버트의 활약을 알게 된 일본은 그를 대한 제국에서 추방했다. 그럼에도 헐버트는 미국에서 변함없이 우리나라 독립운동가들을 지원하고 미국 각지를 돌며 일본의 침략 행위를 규탄했다.

헐버트가 우리나라에 돌아온 것은 대한민국 정부가 수립된 다음 해인 1949년이다. 고령의 나이에 대한민국으로 먼 길을 떠나는 것을 염려하는 사람들에게 헐버트는 "나는 웨스트민스터 사원보다 한국 땅에 묻히기를 원하노라"라고 말했다고 한다. 42년 만에 한국 땅을 밟은 헐버트는 방한한 지 1주일 만에 숨을 거두어 양화진 외국인 묘지에 안장되었다. 이듬해 1950년 3월 1일 외국인 최초로 대한민국 건국 공로 훈장을 받았다.

왜 민중은
의병이 되어 일본에
맞서 싸웠을까?

1905년 체결된 을사늑약으로 우리나라는 국권을 빼앗겼다. 일본의 보호 아래 둔다는 을사늑약에 따라 일본의 허락 없이는 국제 사회에서 아무것도 할 수 없는 나라가 되었다.

그렇지만 일본은 1910년이 되어서야 비로소 공식적으로 한일 병탄을 하게 되고 그 사실을 한동안 숨긴다. 그리고 이미 대세가 기울었음에도 포기하지 않고 나라를 되찾으려는 우리 민족의 굳은 의지 때문에 일본은 한일 병탄을 비밀리에 진행해야 했다. 나라를 되찾기 위한 저항은 격렬했으며 그 선봉에 선 사람들이 의병이다.

스스로 들고일어난 을미의병과 을사의병

의병이란 스스로의 의사에 따라 외적에 대항하여 싸우는 구국 민병을 이르는데, 개화기에 일본으로부터 나라를 지키고자 의병이 들고일어난 것은 크게 세 차례다.

의병 활동의 출발점이자 본격적인 항일 투쟁의 계기가 된 사건은 을미사변이다. 을미사변에 분노하고 단발령에 저항하며 일본에 맞서 싸우고자 일어난 의병이 을미의병이다. 이때는 주로 유생들이 의병장이 되어 활동했다. 을미의병은 일본이 주도하는 새로운 법령을 시행하는 관리들을 친일파로 지목하여 처단하는 한편, 일본군 시설을 파괴하거나 주둔지를 공격했다. 하지만 대부분 군사 훈련을 받지 못한 사람들이라 관군의 공격에 급격히 약화되었다. 또한 고종이 단발령을 철회하고 의병 해산 권고 조칙을 내리자, 상당수가 해산하여 의병 활동은 점차 쇠퇴해 가는 가운데 유인석과 민용호 부대는 만주로 이동하여 활동을 이어갔다.

의병 활동에 또 한 번 불을 지핀 사건은 을사늑약 체결이다. 을사늑약 체결 소식이 전해지자 이를 무효화하고 일본에 저항하기 위해 의병 활동을 시작한 사람들이 을사의병이다.

을미의병과 비교해 볼 때 을사의병의 특이한 점은 농민을 비롯한 일반 백성의 호응을 얻어 의병 활동이 전국에서 전개되었다는 것이다. 이는 을사늑약 전부터 일본이 우리 국토의 일부를 군용지로 사용하는 등 국토 침탈 행위가 잦았고, 그 과정에서 가장 큰 피해를 본 계층이 농민이기 때문이다. 농민들은 활빈당(남부 지방에서 일어난 농민군 가운데 강력한 무장 농민군) 등의 농민 조직을 의병 조직으로 개편하여 일본에 저항했다.

을미의병에 참여했던 유생들이 다시 일어나고 관직을 버린 관료들이 의병에 합류함으로써 을사의병에는 농민, 유생, 관료 등의 힘이 모아졌다. 그러나 이들 대부분 전문적인 군사 훈련을 받은 경험이 없어 큰 승리를 거두지는 못했다. 오히려 관군이나 친일 단체인 일진회의 습격을 받아 피해를 보는 일이 잦았다.

그렇다고 성과가 없었던 것은 아니다. 민종식과 안병찬이 주축이 된 홍주 의병, 신돌석과 정환직·정용기 부자가 이끈 영남 의병, 그 밖에 박석여·이범주·최도환·박장호·김도현·유시연이 이끈 의병 부대가 두드러진 활약을 펼쳤다.

서울 진공 작전을 계획한 정미의병

고종이 퇴위한 후 일본이 순종을 협박하여 체결한 한일 신협약에는 비밀 조항이 있다. 그중 하나가 대한 제국 군대의 해산으로, 일본은 1907년 8월 1일부터 대한 제국 군대를 해산시키기 시작한다. 이제 대한 제국은 군대 없는 나라가 되고 대한 제국의 군인들은 직업을 잃었다.

이러한 군대 해산 조치에 저항하며 또 한 번 일어난 의병이 정미의병이다. 정미의병에는 농민, 유생, 상인, 양심적 관료에 해산된 군인까지 가담했다. 군인들이 합류하자 의병은 전술 면에서 크게 발전하여 일본과 전투할 수 있게 되었다. 또한 정미의병에는 다양한 계층을 이끄는 의병장이 등장했다. 신돌석·김수민·안규홍 등은 농민 의병을 이끌고, 허위·이강년·고광순 등은 유생 및 관료 출신 의병을 지휘했다. 그리고 민긍호·김규식·연기우 등은 해산 군인들을 이끄는 의병장으로 활약했다.

전국에서 의병 활동이 일어나자 정미의병은 13도 창의군을 결성하여 일본의 지배하에 들어간 수도를 되찾기 위한 서울 진공 작전을 계획했다. 이 일의 추진은 강원도에서 시작되었다. 원주에서 봉기한 이구재, 이은찬 등의 추대로 관동 의병장이 된 이인영은 각지의 의병장에게 격문을 보내 전국의 의병이 연합할 것을 호소했다. 이에 호응한 각 도의 의병이 양주에 모였는데 48개 부대에 의병 1만여 명에 이르렀다. 이들은 이인영을 총대장으로 하는 13도 창의군을 결성하고 서울 진공 작전을 수립했다.

이인영이 부친상을 당해 서울 진공 작전에서 빠지자 허위, 김규식, 연기우가 주도하기로 했다. 1908년 1월 허위가 선발대 300여 명을 이끌고 동대문 밖 30리 지점까지 진격했으나, 일본군의 선

제공격 및 후속 부대와의 연락 두절로 패하고 말았다. 13도 창의 군은 1908년 5월까지 임진강에 거점을 두고 또 한 번 서울 탈환을 시도했으나 좌절되었다.

서울 진공 작전이 무위로 돌아가면서 의병은 흩어지며 힘을 잃어 갔다. 1908년 5월 그간 용맹을 떨치던 허위, 이강년, 민긍호, 신돌석 등이 전사하거나 잡혀 순국하면서 의병 활동에 커다란 어려움이 생겼다. 그 후 평민 의병장들이 함경도, 평안도, 황해도 등 한반도 북쪽 지방을 중심으로 의병을 이끌었고 대표적 인물이 홍범도다.

또한 국내에서 의병 활동을 펼치기 곤란해지자 유인석, 이범윤, 안중근 등은 연해주로 건너가 국내 진격 작전을 기도했다. 1909년 이후에는 홍범도, 이진용, 박진호, 전덕원 등이 해외로 망명하여 활동했다. 이 해외 의병군은 1910년 봄 독립군 부대를 결성하고 군사적으로 일본에 맞서 싸울 준비를 했다.

의병들의 주 무대가 해외로 바뀌면서 국내 의병들은 태백산, 지리산 등 산골로 들어가 소수가 유격전을 펼치며 일본에 저항했다. 특히 호남 지방에는 유격전을 펼치며 활동한 의병이 많았다. 1910년 전국의 교전 횟수 중 47퍼센트를 호남이 차지할 만큼 호남 지방 의병의 활약은 상당했다. 상황이 이렇게 되자 일본은 남한 대토벌 작전을 감행하여 호남 지방 초토화에 나섰다. 안규

홍, 기삼연 등 의병장들이 결사 항전했으나 일본군에 패하여 의병은 쇠퇴하고 말았다.

의병장 채응언, 강기동, 연기우 등은 대한 제국 멸망 뒤에도 항전하며 식민 통치에 맞섰다. 하지만 1915년 7월 채응언의 부대가 패하면서 사실상 의병 전쟁은 막을 내렸다.

의병 활동의 의의

나라를 구해 보겠다며 나선 의병 활동이지만 통계에 드러난 이들의 성과는 미미하다. 1906~1911년 일본군이 집계한 통계를 보면 일본군 사상자가 403명인 데 반해 의병 사상자는 무려 2만 1,485명이다. 여기에 민간인 사상자 수는 포함되지 않았으므로 실제 인명 피해는 훨씬 크다고 할 수 있다.

일본군은 유인석, 정환식, 고광순, 연기우 등 의병장들의 집을 불태우고 가족을 학살했다. 민긍호 의병장이 머물고 갔다는 이유로 마을 전체가 불태워졌다. 진성 이씨 문중에 의병이 많다는 이유로 그의 종가인 퇴계 형제의 고택도 불태워졌다. 이런 식으로 소각된 집만 1907~1908년 사이에 6,681호에 달했다.

의병 전쟁으로 입은 인적·물적 피해의 규모는 어마어마했지만 정작 나라가 식민지화하는 것을 저지하지는 못했다. 가만히 있으면 목숨과 재산을 지킬 수 있는 사람들이 일본과 싸우겠다고 나서 모든 것을 잃고 가족까지 고난을 당해야만 했다. 그러나 이들의 활동이 아무 의미 없었던 것은 아니다.

계속 패하면서도 지치지 않고 저항하는 우리나라 사람들을 보며 일본은 식민 지배가 쉽지 않다는 것을 직감했다. 그래서 1905년에 을사늑약, 1907년에 한일 신협약을 맺고도 3년씩이나 병탄을 미루었다. 우리 민족은 그 기간 동안 많은 것을 준비할 수 있었다.

민족의 실력을 키워 훗날 독립을 꾀하자며 애국 계몽 운동을 펼친 사람들은 그 기간 동안 강연회, 모금 운동, 학교 설립을 행동으로 옮기는 한편 근대화를 이룰 수 있는 기반을 다져 갔다. 일제 강점기에 나라 밖에서 일본군과 맞서 싸운 독립군의 근거지를 만들고 활동의 초석을 닦은 것 역시 이 기간의 일이다. 무엇보다 굳건한 독립 의지를 보여 주며 결코 우리 민족이 만만하지 않다는 사실을 일본에 각인시킨 것 또한 바로 이때다.

우리 민족이 이런 활동을 할 수 있었던 것은 목숨을 걸고 싸운 의병 덕분이다. 목숨을 잃을지언정 일본의 식민지가 되는 것은 차마 눈뜨고 볼 수 없어 무기를 들고 나선 사람들은 평범한 농민과 군인 및 유생이었다. 그리고 이름 없이 죽어 간 이들이 있기에 근대화의 초석을 마련하고, 나아가 식민지에서 벗어나 독립을 이루는 힘의 원천을 준비할 수 있었다.

최고의
애국 계몽 단체
신민회는 어떤
활동을 했을까?

일본의 침략이 본격화되어 나라를 강탈당할 위험에 처했을 때, 그 원인을 일본과의 실력 격차 때문이라고 생각한 사람들이 있다. 그들은 당장 힘으로 싸워 일본을 이기기는 어려울지 몰라도 장기간에 걸쳐 실력을 쌓아 민족의 힘과 실력이 일본을 능가하는 때가 찾아오면 반드시 국권을 회복할 수 있을 것이라고 생각했다.

나라를 지키고자 총칼을 들고 일본에 맞선 의병 세력과 더불어 또 다른 축을 담당한 그들이 벌인 활동을 애국 계몽 운동이라고 일컫는다.

국권 회복을 위한 애국 계몽 운동

애국 계몽 운동을 전개한 사람들의 기본적인 생각은 실력 양성이 중요하다는 것이었다. 그들은 우리나라가 일본과 서양 열강의 침략을 받은 이유는 힘과 실력이 부족해서라고 판단했다. 따라서 실력을 키우는 것을 최우선으로 생각했다.

실력 양성을 중시하는 활동은 개항 이후 일제 강점기까지 줄곧 이어졌다. 그런데 1905~1910년 사이의 실력 양성 운동은 국권 회복 운동의 일환으로 전개되었다는 특별한 성격을 지니고 있어 애국 계몽 운동이라고 부른다.

애국 계몽 운동을 펼친 사람들은 지식과 실력을 갖춘 신국민을 길러 내는 것이야말로 국권을 회복할 수 있는 길이라고 보았다. 따라서 교육 활동, 언론 활동, 국학 운동, 민족 종교 운동 등 다양한 활동을 추진하여 일본을 몰아내고 나라를 되찾으려 했다. 하지만 애국 계몽 운동을 하는 사람들은 이 일이 생각만큼 쉽지 않다는 사실 또한 충분히 알고 있어 서두르기보다는 차근차근 준비하여 일본을 물리칠 길을 모색했다.

이에 국내에서는 교육 활동을 통해 민족 대표로 성장할 인재를 기르고 국외에서는 군사적으로 일본에 맞설 수 있는 독립군을 키워 전쟁에 대비해야 한다고 주장했다. 그뿐 아니라 일본이 다른 나라와의 전쟁에 휘말려 국력이 약해지면 그때 공격하여 국권을 회복하고 독립한다는 구체적인 시나리오까지 마련했다.

의병 운동을 한 사람들이 일본의 침략에 즉각적으로 반응하여 반격한 반면, 애국 계몽 운동을 한 사람들은 장기적인 계획을 세워 단계별로 찬찬히 독립을 준비해 나갔다.

애국 계몽 운동 단체들 – 보안회, 헌정 연구회, 대한 자강회

애국 계몽 운동을 펼친 인사들 가운데에는 당연히 신문물을 익힌 개화파 출신이 많았다. 근대 문물을 공부하고 넓은 시야를 지녀 현실을 해석하는 혜안을 갖게 된 그들은 애국 계몽 운동에 적극 동참했다. 드물긴 하나 위정척사파 출신 중에도 애국 계몽 운동에 뛰어든 사람이 있었다. 그들은 나라가 일본에 넘어가는 것을 보며 충격을 받고 실력 양성의 중요성을 절실하게 깨달아 애국 계몽 운동에 가담했다.

애국 계몽 운동을 전개한 인사들은 주로 단체를 만들어 활동했다. 1904년 결성된 보안회는 일본이 빼앗으려 한 황무지 개간권을 되찾아 오는 데에 힘을 쏟아 결국 성공했다. 이는 일본이 우리나라의 황무지를 개간한다는 명목하에 땅을 빼앗아 경제적 이득을 취하려는 것을 막아 낸 매우 의미 있는 활동이다. 또 1905년 5월에는 독립 협회를 계승한 헌정 연구회가 조직되었다. 헌정 연구회 회원들은 입헌 군주제 수립을 목표로 활동했으나 을사늑약 체결에 반대해 일본의 탄압을 받았다. 이에 애국 계몽 운동 가들은 1906년 헌정 연구회를 확대·개편한 대한 자강회를 설립한다.

대한 자강회는 윤치호, 장지연, 윤효정, 심의성, 임진수, 김상범 등이 참여하여 독립을 위한 토대를 만들자는 목표하에 활동했다. 이들은 각 지방에 지회를 설립하여 전국적으로 활동을 펼쳐 나 갔는데, 가장 중점을 둔 것은 신지식 보급과 민족 산업 육성이다. 국권을 회복하려면 교육을 통해 인재를 양성하고 민족 산업을 발전시켜 경제적으로 성장해야 한다고 판단한 것이다. 이를 위해 월간 간행물을 발행하고 연설회를 개최하는 등 활발하게 움직였다. 그러나 1907년 고종의 강제 퇴위에 맞서 반대 시위를 주도하다 일본에 의해 해산되고 말았다.

이렇듯 애국 계몽 운동을 주도한 사람들은 합법적 공간에서 국권을 회복하기 위하여 노력했으나, 일본은 이들을 탄압하기 위한 조치를 마련했다. 1907년 7월 24일 신문지법을 공포하여 언론과 출판의 검열을 강화하고, 며칠 뒤 7월 27일에는 보안법을 공포하여 언론·집회·결사의 자유를 제한했다. 애국 계몽 운동가들은 교육과 언론 활동을 중요시하여 강연회와 연설회 등을 활발하게 열었으므로 일본의 이 같은 조치들은 애국 계몽 운동에 치명타였다.

애국 계몽 운동의 주요 활동

애국 계몽 운동가들은 서로 다른 단체에 소속되거나 다른 지역, 다른 시기에 활동하며 입장을 달리하기도 했지만 실력을 키워 일본의 간섭에서 벗어나 자주적인 나라로 만들려는 같은 생각을 갖고 있었다. 이러한 목적을 가진 애국 계몽 운동의 활동은 다음 몇 가지로 요약할 수 있다.

신교육 활동

애국 계몽 운동에서 가장 중점을 둔 것은 교육 분야다. 나라의 실력을 키우기 위해서는 인재 양성이 필수이기에 무엇보다 교육을 중요시했다. 이러한 신교육 활동에서 획기적인 내용은 대한 자강회가 제시한 의무 교육 운동이다.

대한 자강회는 1906년 '의무 교육 조례 대요'의 법규화를 주장하며 전국의 모든 청소년을 대상으로 한 의무 교육 실시를 제안했다. 그리고 이 법안은 대한 제국 정부의 내각 회의에서 통과되어 실제로 실천에 옮길 수 있게 되었다.

대한 자강회가 제시한 의무 교육의 핵심은 민립 학교(지금의 사립 학교)를 설립하여 의무 교육을 실시할 것, 의무 교육 기간은 원칙적으로 8년으로 하되 처음에는 5년으로 하다 추후에 확대할 것, 의무 교육 연령은 만 7~15세로 할 것, 남자 아동은 즉시 전원

의무 교육을 실시하고 여자 아동은 당분간 만 7~8세로 하고 추후에 확대할 것 등이다.

당시로서는 매우 획기적인 교육 개혁으로 교육 분야의 발전과 인재 양성 모두를 이룰 수 있는 방안이었다. 하지만 일본이 이를 탄압·중지시키는 바람에 의무 교육 제도는 실행되지 못했다. 이를 계기로 애국 계몽 운동가들과 민중은 전국에서 사립 학교 설립 운동을 전개하여 1907년부터 1909년 4월까지 자발적으로 세워진 사립 학교가 3천여 개교를 헤아렸다. 우리나라 민중의 교육열에 놀란 일본은 1908년 8월 사립 학교 설립 기준을 강화하는 사립 학교령을 제정하여 전국에 학교가 생기는 것을 막으려 했다. 그러나 우리 민중은 이에 굴하지 않고 모금 운동을 벌이며 1909년 11월까지 2,232개교를 더 세웠다.

당시 설립된 학교는 대부분 소학교(지금의 초등학교)이며, 수가 많지는 않아도 중학교(이때의 중학교는 지금의 중학교와 고등학교를 합쳐 놓은 형태)와 전문학교(지금의 2~3년제 전문 대학)도 설립되었다. 또한 중학교에서 사범 교육을 실시하여 교사를 양성하는 제도를 마련했다. 비록 일본의 방해와 국권 피탈로 큰 성과를 내지는 못했으나, 애국 계몽 운동가들은 이 같은 교육 활동을 통해 국권 회복 운동을 이끌고 민족 지도자가 될 수 있는 인재를 양성하고자 온 힘을 쏟았다.

언론 계몽 활동

애국 계몽 운동에서 또 다른 중요한 활동은 민중에게 신지식과 신문화를 알려 의식이 성장하게 하는 활동이었다. 이러한 역할을 수행하기 위해서는 언론이 필수이므로 애국 계몽 운동가들은 신문과 잡지를 창간했다.

이 중 일본의 침략을 규탄하고 국권 회복 운동을 가장 활발하게 전개한 신문은《대한매일신보》다.《대한매일신보》는 영국인 어니스트 토머스 베델이 사장으로 추대되고 양기탁이 편집장이 되어 1904년 7월 창간된다. 영문판《코리아 데일리 뉴스》를 동시에 간행하여 외국인에게 대한 제국의 소식을 전하고 일본 침략의 불법성을 비판했다. 다른 신문들이 일본이 만든 신문지법에 따라 모든 기사를 검열받아야 하는 것과 달리《대한매일신보》는 영국인이 발행하는 신문이어서 이 법의 적용을 받지 않았다. 1907년 4월 신민회가 창립된 후에는 신민회의 기관지 역할을 해내는 한편 애국 계몽 운동과 의병 활동을 지원하는 역할도 했다.

민족 종교 운동

일본은 대한 제국을 침략하는 과정에서 종교계를 회유했다. 종교의 자유를 인정하는 척하며 종교인들을 포섭하는 바람에 여러 종교계가 친일을 하기도 했다. 이를 막고자 애국 계몽 운동을 전개한 인사들은 민족 종교 운동을 벌였다.

동학의 제3대 교주 손병희는 동학이라는 이름을 천도교로 바꾸었다. 친일 성향의 동학 인사들에 맞서고 동학교도들을 다시금 애국 운동으로 돌려 세우기 위해서였다. 기독교계의 윤치호·이상재, 유교계의 박은식·장지연 같은 종교 인사들은 국권 회복 운동에 적극 가담해야 함을 강조했다.

민족 종교 운동에서 가장 눈에 띄는 활동은 대종교 창시다. 1909년 나철, 오기호가 중심이 되어 창건한 대종교는 단군을 나라의 조상이자 신으로 모시는 종교로, 민중에게 민족주의를 고취시키고 독립운동 참여를 권고했다. 일본의 국권 침탈 위협 속에 놓인 많은 사람이 대종교도가 되어 국권 회복 운동에 앞장섰다.

애국 계몽 운동 단체들은 이 밖에도 민족 산업 육성과 국학 운동에 힘을 기울였다. 국학 운동은 민족 고유의 문화와 언어, 역사를 지키기 위한 활동으로 구체화되었다. 국어·국문 분야에서는 주시경, 최광옥, 유길준, 지석영이 중심이 되어 활동했고 역사 분야에서는 신채호, 박은식 등이 근대적 민족 사학을 수립했다.

비밀 결사 단체 신민회

신민회는 안창호의 제의로 설립된 단체다. 1906년 미국에 머물고 있는 안창호, 이강, 임준기 등은 계몽 단체인 대한 신민회를 조직하기로 뜻을 모은다. 그러나 미국에서 단체를 만드는 것은 그다지 의미가 없다고 판단한 안창호는 본국에서 단체를 만들고자 귀국했다. 당시 20대 후반의 나이에 아는 사람도 적은 안창호는《대한매일신보》주필 양기탁을 찾아가 신민회 창립을 제안했고, 국내 애국 인사들과 유대 관계가 깊은 양기탁이 회원들을 모아 1907년 4월 신민회가 결성되었다.

신민회는 여느 애국 계몽 운동 단체들과는 달리 비밀 결사다. 일본의 방해와 탄압을 피하는 것은 물론 대한 제국이 식민지가 되더라도 계속 독립운동을 추진하기 위해서였다. 따라서 공개적으로 회원을 모집하지 않을뿐더러 가입 단계에서 엄격하게 심사하여 독립에 헌신할 인사만 받아들였다. 그럼에도 1910년경 신민회 회원 수는 약 800여 명에 달했다.

신민회는 비밀리에 활동하면서도 중앙에서 지방 조직에 이르기까지 의결 기관을 두고 민주적으로 운영했으며, 밀정의 침투를 방지하기 위해 회원 간에 서로 알지 못하게 했다. 자신에게 활동 지침을 알려 주는 사람만 알 뿐 같이 활동하는 사람이 누구인지 전혀 모르게 함으로써 비밀을 유지했다.

이처럼 철저하게 조직을 운영한 신민회는 유명한 독립 인사 모두가 회원이었다고 해도 과언이 아닐 만큼 애국 계몽 운동을 대표하는 조직이다. 신민회에서 활동한 안창호, 양기탁, 전덕기,

이동휘, 이갑, 유동열, 최광옥, 노백린, 이승훈, 안태국, 이시영, 이회영, 이상재, 윤치오, 조성환, 김구, 박은식, 신채호, 이강, 임치정, 이종호 등은 대한 제국 말기와 일제 강점기에 나라를 이끈 독립 인사들이다.

신민회는 여러 목표를 세우고 애국 계몽 운동과 구국 운동을 추진했는데, 그중 가장 특징적인 것은 공화정 수립이다. 애국 계몽 운동 단체 대부분은 입헌 군주제 국가를 목표로 활동했다. 우리나라의 상징과도 같은 고종 황제를 정치의 중심에 두되 민중의 의견을 반영할 수 있는 의회를 개설하여, 황제와 의회가 함께 정치를 이끌어 나가는 입헌 군주제를 선호한 것이다.

하지만 신민회는 입헌 군주제가 아닌 공화정을 지향했다. 공화정은 왕이 없는 정치 형태이므로 고종을 비롯한 황족의 반대와 일반 민중의 급진 개혁에 대한 거부감 등이 있어 꺼내기 힘든 이야기였다. 그러나 신민회는 근대 국가로 나아가려면 앞으로 한반도에 공화 정체 국가의 수립이 필요하다고 판단했다. 우리나라에서 최초로 공화정 국가 건설을 공식화한 단체는 신민회이며 이는 우리 역사에서 획기적인 사건이다.

신민회의 주요 활동

애국 계몽 운동을 표방한 신민회는 다른 애국 계몽 운동 단체와 마찬가지로 교육, 계몽, 경제적 자립 활동에 힘을 기울였다. 그런데 신민회 활동은 여기에서 그치지 않았다. 무장 투쟁을 통해 나라의 독립을 쟁취하고자 하는 목표하에 국외 독립운동 기지 건설도 전개했다. 신민회는 애국 계몽 운동과 무장 투쟁 활동 모두를 펼친 유일한 단체다.

교육 운동

신민회는 실력을 갖춘 새로운 국민 양성을 중요한 목표로 세우고 교육 운동을 적극 추진했으며, 특히 신민회는 중학교 설립을 위해 노력했다. 소학교 출신 청년들에게 고등 교육을 시켜 민족 지도자로 양성하려는 것과 상대적으로 부족한 수를 늘리기 위해서였다.

신민회는 모범이 되는 중학교를 세움으로써 여러 지역에서 유사한 중학교가 설립되기를 기대했다. 그러한 목적으로 설립된 학교로는 정주의 오산 학교, 평양의 대성 학교, 강화의 보창 학교 등이 있다. 그중에서도 보창 학교는 강화에 중학교 본교를 두고 강화군 내에 21개 소학교 분교를 둘 정도로 활발한 교육 활동을 전개했다. 또 신민회 회원 이동휘 개인이 세운 학교만 100여 개교를 헤아릴 정도로 교육 활동에 매진했다.

국외 독립군 기지 창건 운동

신민회가 다른 애국 계몽 운동 단체들과 구별되는 또 다른 특징은 국외 독립군 기지를 건설하려 했다는 점이다. 애국 계몽 운동 단체 대부분이 교육이나 언론 활동에 주력한 반면, 신민회는 국외에 독립군 기지와 군대가 있어야 한다는 생각에 독립군 기지 창건을 검토했다. 이들은 국외에 독립군 기지를 만들고 무관 학교를 설립하여 독립군을 양성한다는 목표를 갖고 마땅한 장소를 물색했다.

그렇게 하여 일본의 통치력이 미치지 않고 후일 독립군이 국내에 진입하기 용이한 만주 일대가 최적의 장소로 꼽혔다. 자금을 모아 토지를 매입하여 국내 애국 인사들이 이주하도록 한 다음 신한민촌을 만들어 농업을 통해 경제적 자립을 이루려는 구상을 했다. 신한민촌에는 종교 시설과 문화 시설을 세우고 교전이 가능한 군인을 양성할 무관 학교를 설립하려 했다. 또한 그들을 중심으로 강력한 독립군을 창건하여 일본에 맞서겠다는 것이 신민회의 계획이었다.

이 계획에 따라 신민회는 만주 삼원보를 개척하고 그곳에 신흥 무관 학교를 세운다. 신흥 무관 학교는 4년제이나 3개월 및 6개월 속성반을 운영하여 그곳을 찾아오는 애국 청년과 의병 들에게 군사 교육을 했다. 그 뒤 1913년 이동휘가 만주 왕청현 나자구에 동림 무관 학교를, 지금의 연해주 지역인 밀산현 봉밀산 자에 밀산 무관 학교를 설립했다. 결국 신민회는 총 세 개의 무관 학교를 설립하여 운영한 셈이다.

신민회의 이러한 활동은 1910년 국권 피탈 후 우리나라가 일본에 맞서 독립 전쟁을 전개하는 데 밑바탕이 된다. 삼원보를 중심으로 만주에 여러 독립군 기지와 군대가 창설되고 기지에는 마을과 학교가 만들어졌다. 1920년대부터 독립군의 항일 투쟁이 가능했던 데에는 신민회의 공이 크다고 할 수 있다.

계몽과 경제적 자립을 위한 활동

이외에도 신민회는 강연회를 통한 계몽 운동, 신문·잡지·서적 출판 운동, 민족 산업 진흥 운동, 청년 운동 등을 벌이며 계몽과 경제적 자립에 힘을 기울였다. 국제 사회의 상황과 일본 제국주의를 정확하게 알고 우리나라에 필요한 것을 준비해 나간다면 국력을 회복하고 독립을 이룰 수 있다고 판단한 것이다.

따라서 《대한매일신보》를 기관지로 활용하고 잡지 《소년》을 창간하여 문예 활동을 전개했다. 평양 자기 제조 주식회사, 협성 동사(동사는 지금의 상사와 같다. 평안북도에 조직되었고 신민회의 재정 후원 단체 역할을 했다), 조선 실업 회사 등 민족 자본이 바탕이 된 민족 기업을 육성했다.

또한 신민회는 앞으로 나라가 발전하려면 청년층이 주체가 되어야 한다는 생각에 청년 학우회를 만들어 청년 운동을 전개했다. 신민회가 비밀 결사로 활동한 것과 달리 청년 학우회는 합법적 공간에서 공개 활동을 펼치며 청년들을 조직화하려 했으나, 활동 기간이 짧아 큰 성과를 내지는 못했다.

일본의 조작으로 해체된 신민회

1910년을 전후하여 반일 의식이 고조되고 다양한 항일 투쟁이 전개된다. 특히 평안도와 황해도 등 서북 지역을 중심으로 민족 운동이 활발한 움직임을 보이자, 일본은 이를 탄압하기 위한 계획을 세웠다.

그러던 중 안중근의 사촌 동생 안명근이 군자금 모금 활동 중 붙잡히는 사건이 벌어졌다. 독립운동을 탄압할 절호의 기회라고 여긴 일본은 이 사건에 황해도 지역 인사들이 개입했다며, 황해도 일대 지식인과 재력가 등 160여 명을 마구잡이로 검거했다. 이때 잡혀간 사람 대부분이 황해도 안악군 일대에 살고 있었기에 이를 '안악 사건'이라고 한다.

체포된 인사에는 신민회 회원들이 포함되어 있어 그들을 고문·취조하는 과정에서 신민회의 존재가 밝혀졌다. 여러 항일 운동의 배후에 신민회가 있음을 확인한 일본은 신민회 인사들을 잡아들이기 위해 데라우치 총독 암살 사건을 조작했다.

일본은 신민회가 다섯 차례에 걸쳐 총독 암살을 계획하여 자금과 무기를 모았으며, 1910년 12월 압록강 철교 개통식에 참석하는 데라우치 마사타케 총독을 암살하려 했다는 시나리오를 지어 냈다. 물론 그런 계획은 없었다. 하지만 일본은 계획했다가 실행에 실패한 암살 미수 사건이라며 신민회 회원 600여 명을 검거했다.

붙잡힌 이들에게 자백을 강요하며 잔혹하게 고문하여 두 명이 사망하고 많은 사람이 불구가 되는 일이 발생했다. 결국 600여명 중 123명이 재판에 회부되고 그중 105명에게 유죄 판결이 내려졌다. 이것이 바로 105인 사건이다. 105인 전원 항소하여 99명은 무죄 판결을 받았고 윤치호, 양기탁, 임치정, 이승훈, 유동열, 안태국 등 여섯 명은 실형을 선고받았다.

105인 사건은 1911년 9월 관련 인물 검거로부터 1913년 10월 9일 최종 판결까지 2년이 넘게 걸렸고 그동안 신민회는 쑥대밭이 되었다. 105인 사건으로 신민회는 해체되고 만다. 신민회가 해체되면서 국내 독립운동은 위축되고, 많은 독립운동가가 해외로 망명하면서 독립운동의 중심 무대가 국내에서 해외로 바뀌게 되었다.

왜 민중은
성금을 모아 국채를
갚으려 했을까?

1905년 을사늑약 체결 후 국권을 회복하고 나라의 독립을 지키고자 하는 활동은 다방면에서 펼쳐졌다. 특히 일본이 경제적으로 우리나라를 궁핍하게 만들어 나라가 망할지도 모른다는 우려가 번지면서 경제적 간섭에서 벗어나야 한다는 움직임이 일었다. 이런 상황에서 전개된 것이 국채 보상 운동이다.

일본의 강요로 불어나는 국채

국채 보상 운동은 1906년을 기준으로 대한 제국이 일본에 빌린 돈 1,300만 원을 국가가 갚을 능력이 안 되니 성금을 모아 갚아 보자는 민중 운동이다. 빚 1,300만 원은 대한 제국의 1년 예산에 해당하는 막대한 금액이었다. 대한 제국은 대체 왜 그렇게 큰 빚을 진 것일까?

간단히 말하면 대한 제국이 필요해서 돈을 빌린 것이 아니라 일본이 강제로 빌려주면서 빚을 지게 되었다. 1894년 청일 전쟁 당시 일본은 억지로 빚을 떠안겼다. 일본이 이렇게 많은 국채를 발행한 까닭은 대한 제국 경제를 완전히 일본에 예속시켜 식민지 건설을 앞당기기 위해서였다.

1904년 일본의 강요로 맺게 된 한일 의정서에는 일본이 추천하는 재정·외교 고문을 대한 제국이 임명하도록 규정되어 있다. 이때 재정 고문으로 파견된 사람이 일본인 메가타 다네타로다. 메가타 재정 고문은 우리나라의 경제 구조를 추후에 일본이 쉽게 식민 지배를 할 수 있게 바꾸어 나갔다. 이 과정에서 돈이 부족하다며 메가타는 일본에 네 차례 돈을 빌렸고, 그것은 고스란히 대한 제국의 국채가 되었다.

1905년 6월에는 화폐 제도를 정리한다는 명목하에 일본에서 300만 원을 빌려 왔다. 또 같은 달에 세금이 부족하여 정책 집행이 힘들다며 200만 원을, 같은 해 12월에는 은행의 대부(금융 기관에서 이자와 기한을 정하고 돈을 빌려주는 것을 이른다)와 금융 조합 창립 자금으로 150만 원을 빌려 왔다. 1906년 3월에는 시정 개선과 기업 자금 명목으로 1천만 원을 빌렸다. 빌리기로 한 돈은 총 1,650만 원이나 실제로 빌린 금액은 1,150만 원이었으며 여기에 이자를 합하니 1,300만 원이 되었다. 이 국채는 대한 제국 정부의 필요나 요청에 의해서가 아니라 순전히 일본이 대한 제국을 식민지로 만들기 위해 억지로 떠넘긴 것이다.

더욱이 시정 개선비라는 명목으로 빌린 돈은 일본인이 거주하는 지역의 시설비와 일본인 관리의 고용 비용으로 쓰였다. 또한 일본에서 돈을 빌려 화폐 정리 사업을 했으나, 이 과정에서 가장 큰 피해를 본 것은 우리나라 기업들이다. 일본이 화폐 정리를 한 목적은 우리나라 기업의 파산이었고, 이 화폐 정리 사업을 위해 대한 제국 정부가 일본에 빚을 지는 어처구니없는 일이 벌어진 것이다.

대한 제국은 일본에 진 빚 때문에 연 6~7퍼센트의 높은 이자를 부담해야 했다. 그러다 보니 1906년 1,300만 원이던 대일 국채는 1907년 6월에는 1,840만 원으로 불어났다.

대구에서 시작된 국채 보상 운동

국채 보상 운동은 대구에서 처음 제창되었다. 대구에 있는 광문사는 지식인과 자산가로 구성된 출판사로, 주로 신학문을 알려 민족의 자강 의식을 고취하는 활동을 했다. 1907년 1월 29일 광문

사를 중심으로 하는 문인 모임인 광문사 문회의 명칭을 대동 광
문회로 바꾸는 문제를 논의했다. 그 자리에서 광문사의 부사장
서상돈이 민중들이 금연으로 돈을 모아 국채를 갚자고 제의하여
금세 2천여 원이 모금되었다. 이것이 국채 보상 운동의 발단이다.

2월 21일에는 대동 광문회 주최로 국채 보상을 위한 대구 군
민 대회가 열렸다. 이 대회에 참석한 군민들이 즉석에서 성금을
걷어 100여 원을 모았다. 이처럼 국채를 보상하자는 주장에 호응
이 뜨겁자 광문사 사장 김광제와 부사장 서상돈은 《대한매일신
보》에 국채 보상 운동을 벌이자는 공고문을 실었다.

국채 1,300만 원은 우리 한국의 존망에 직결된 것이다. 2천만
민중이 3개월 기한으로 담배 피우기를 폐지하고 그 대금으로 한
사람마다 매달 20전씩 거두면 1,300만 원이 될 수 있다. 설령 다
차지 못하는 일이 있더라도 1원부터 10원, 100원, 1천 원을 출연
하는 자가 있어 채울 수 있을 것이다.

《대한매일신보》를 통해 그 취지와 내용이 알려져 국채 보상
운동은 전국 단위 민중 운동으로 확산되었다. 담배와 술을 끊어
그 돈을 모아 국채 보상 운동 성금으로 내고, 집 안에 있는 패물
을 팔아 기금을 마련하는 사람이 있는가 하면 비녀·가락지·노

리개를 팔거나 심지어 머리카락을 잘라 파는 부녀자도 있었다.

국채 보상 운동이 전국으로 확산되어 기성회, 단연회, 부인회, 패물 폐지 부인회, 의성회, 탈환회, 감선회 등 명칭도 다양한 자발적 모임이 생겨났다. 대구에서 국채 보상회가 조직된 데 이어 한양에서는 김성희·유문상·오영근 등이 국채 보상 기성회를 조직하고, 평안도 출신들은 국채 보상 서도 의성회를 만들었다.

국채 보상 운동은 1907년 7월과 8월 절정을 이루어 노동자, 농민, 인력거꾼, 기생, 백정 등 하층민뿐만 아니라 상인, 학생, 승려

등 모든 계층이 참여했다. 또 일본 유학생 800여 명은 담뱃값을 모아 보냈다. 고종도 모금 운동에 참여하고자 담배를 끊었고 일부 대신도 고종을 따라 금연했다.

국채 보상 운동이 이처럼 짧은 기간에 전국적인 운동으로 확산된 데에는 신문사들의 도움이 컸다. 《대한매일신보》를 비롯하여 《황성신문》, 《제국신문》, 《만세보》 등은 국채 보상 운동에 동참할 것을 호소했다. 또한 모금 운동을 한 사람들의 명단과 금액을 신문에 게재하거나 각종 미담을 소개했다.

모금액이 불어나자 돈을 관리할 통합 기구가 필요했다. 따라서 대한 제국 참정대신으로 을사늑약 체결에 반대한 한규설을 소장으로 하는 국채 보상 지원금 총합소가 《대한매일신보》 사내에 만들어졌다. 비슷한 시기에 이준을 의장으로 하는 국채 보상 연합 회의소가 생겨났는데, 비슷한 성격의 단체가 둘 있으면 분열의 우려가 있다는 여론에 따라 연합 회의소는 보상 운동을 지도하고 총합소는 모금액을 관리하는 일을 맡으며 업무를 분담했다.

국채 보상 운동의 좌절

국채 보상 운동이 전국으로 확산되자 일본은 긴장했다. 일본에 진 빚을 갚으려고 짧은 시간 안에 많은 사람이 참여하는 것은 배일 감정이 고조되어서라고 판단했다. 이에 일본은 국채 보상 운동을 방해하기 시작했다.

우선《대한매일신보》의 주필이자 국채 보상 지원금 총합소의 회계를 맡고 있는 양기탁을 국채 보상금 횡령 혐의로 구속했다. 또 일본의 대한 제국 보호국화 정책을 방해했다는 논리를 펴《대한매일신보》의 베델 사장을 국외로 추방했다. 횡령 혐의로 구속된 양기탁은 다섯 차례의 재판 끝에 무죄 선고를 받고 풀려났다.

이처럼 국채 보상금 횡령 사건은 해프닝으로 끝났지만 국채 보상 운동에 대한 불신이 싹텄다. 사실이 아니었음에도 양기탁에게 횡령 혐의가 한번 씌워지자 의심하는 사람들이 생겨났다. 게다가 국채 보상 지원금 총합소 소장 윤웅렬은 일본의 공작에 따라, 보상금 3만 원을 영국인 베델이 사용했으니 그 돈을 반환하라는 반환 청구서를 제출했다. 이런 일이 반복되자 사람들이 국채 보상 운동 지도자들을 믿지 못하게 되면서 국채 보상 운동의 열기는 식어 갔다.

불신이 팽배해져 사람들은 더 이상 모금 운동에 참여하지 않았다. 국채 보상 운동이 위축되어 지속하기 어렵다고 판단한 지도부는 모금액을 어떻게 관리하고 처리할지를 놓고 고심했다. 1907년 3월 이후 1908년 7월까지 모인 돈은 20만 원 정도였다. 이 돈의 관리와 처리를 위해 1909년 11월에는 유길준을 회장으로 하는 국채 보상금 처리회를 조직했다. 국채 보상금 처리회는 모금액의 사용처를 두고 은행이나 학교, 회사 설립 등 다양한 방안을 논의한 뒤 1910년 9월 모금액 전액을 교육 사업에 투자하기로 결정했다. 하지만 이때는 이미 일본과의 병탄이 이루어져 식민 지배를 받기 시작한 시점이어서 일본이 모금액 전액을 빼앗아 버리는 바람에 교육 사업에 투자하려는 계획마저 수포로 돌아갔다.

국채 보상 운동이 성공하지 못한 이유로 지도부의 한계를 지적하는 사람이 많다. 전국적 관심 속에 다양한 방법으로 자발적 모금 운동이 진행되었는데도 맥없이 끝나 버린 까닭은, 국채 보상 운동을 이끄는 지도부가 일본의 방해에 제대로 대처하지 못했기 때문이라는 분석이다. 다시 말해 일본의 공작에 말려들어 민중의 신뢰를 잃은 것이 국채 보상 운동 실패의 가장 큰 원인이다.

국채 보상 운동을 이끈 지도부가 구체적 전망과 통일된 조직력을 갖추지 못한 점 또한 문제였다. 모금 운동이 진행되면서 우후죽순처럼 많은 단체가 등장했는데, 그 단체들을 연결하고 운동을 지속시킬 힘이 부족했다. 일본의 방해로 위기가 찾아왔을 때조차 한목소리를 내지 못하고 우왕좌왕하여 불신만 키우는 결과를 낳았다.

그렇지만 국채 보상 운동은 우리 역사에 큰 획을 긋는 의미 있는 사건이다. 일본의 침략을 막아 내기 위한 의병 활동이나 애국 계몽 운동은 일부 농민 혹은 신지식인을 중심으로 전개된 항일 운동이어서 사회의 하층민이나 일반 민중으로서는 다가가기 힘든 활동이었다. 그러나 국채 보상 운동은 나라를 사랑하는 마음 하나만 있으면 누구나 참여할 수 있는 활동이었다. 또한 금연한 돈을 모으자는 구호에서 알 수 있듯 큰돈이 필요한 일이 아니기에 수많은 사람이 참여할 수 있었다.

모금액 규모가 국채에 한참 미치지 못하고 좌절된 것은 사실이나 국채 보상 운동은 당시로서는 처음으로 전개된, 일반 민중이 참여한 항일 투쟁이다. 모금으로 결코 국채를 갚을 수 없다는 사실을 알면서도 일본이 이를 방해하려 애쓴 이유는 항일 투쟁의 분위기 때문이다. 실패한 운동이지만 모두 함께 노력한 기억만큼은 많은 사람의 가슴과 머리에 남았다. 그리고 이 같은 전국적인 모금 활동은 일제 강점기의 물산 장려 운동과 민립 대학 설립 운동으로 이어졌다.

독립 유공자가 된 영국인 베델

어니스트 토머스 베델은 영국 출신으로 16~32세까지 16년간 일본 고베에서 무역업에 종사했다. 1904년 러일 전쟁 발발 후 런던의《데일리 크로니클》의 특별 통신원 자격으로 오면서 우리나라와 인연을 맺었다. 그 뒤 대한 제국 정부로부터 자금을 지원받아《대한매일신보》를 창간하여 항일 언론 운동에 관여하게 되었다.

《대한매일신보》는 일본의 탄압을 피하고자 베델이 사장을, 양기탁이 주필을 맡았다. 이에 일본은 외교적 방법을 시도했다. 《대한매일신보》의 기사가 일본 정부와 황태자에게 예의를 갖추지 않았다는 이유로 베델을 영국에 고발했다. 영국은 이에 대해 주의 조치를 취했으나 베델은 개의치 않고 활동했다.

게다가《대한매일신보》가 홍보에 앞장선 국채 보상 운동이 항일 운동으로 변모하자, 일본은 베델이 일본의 대한 제국 보호국화를 전복하려 한다는 이유를 들어 영국 정부에 항의하며 베델과《대한매일신보》에 다시금 위협을 가했다. 일본과 동맹 관계를 맺은 영국 정부로서는 일본이 대한 제국을 보호국으로 삼는 데 공식적으로 동의한 마당에 베델의 이 같은 행동은 양국 외교에 타격을 줄 수 있는 행동으로 인식하지 않을 수 없었다.

결국 베델은 1908년 6월 영국 재판부로부터 3주간의 금고령을 선고받고 상하이에 머물러야 했다. 금고 생활 후 우리나라로 돌아와 항일 운동을 도왔으나 1909년 5월 1일 병사했다. 베델은 눈을 감는 순간에도 "나는 죽을지라도《대한매일신보》는 영생케 하여 한국 동포를 구하라"라는 유언을 남겼다.

베델은 국외로 추방되어 금고령을 선고받기 직전《대한매일신보》의 사장 자리를 영국인 앨프리드 마넘에게 넘겨 1908년 5월 27일부터 마넘이《대한매일신보》의 발행을 책임졌다. 그러나 일본 통감부는 1910년 5월 21일《대한매일신보》를 매수하여 기관지로 삼고 6월 14일부터는 이장훈을 발행인으로 두었다.《대한매일신보》는 1910년 8월 28일 마지막 호를 발간하고 8월 29일 종간되었다. 이날이 바로 일본이 대한 제국을 보호국으로 병합한 날이다. 한편 양화진 외국인 묘지에 모셔진 베델은 1968년 독립 유공자로 인정되었다.

안중근은
왜 이토 히로부미를
처단했을까?

1905년 을사늑약이 체결된 뒤 일본은 대한 제국을 식민지로 만들기 위한 작업에 본격적으로 돌입한다. 외교권을 박탈함으로써 국제 사회에서 대한 제국을 일본의 보호 아래에 있는 국가로 만들었다. 또 헤이그 특사 파견을 빌미로 고종을 강제로 퇴위시키고 군대를 해산시켰으며, 나아가 사법권과 경찰권마저 장악하는 단계를 밟아 나갔다.

그러나 우리 민족은 일본의 이러한 행태를 보고만 있지는 않았다. 개인적인 의거를 통해 일본의 식민 지배 정책을 중단시키려 온몸을 바친 사람들이 있다.

5적 암살단의 활동

우리나라가 식민지로 전락한 결정적 계기는 을사늑약의 체결이다. 외교권을 상실한다는 것은 국제 사회에서 독립 국가로 인정받지 못한다는 뜻이기에 고종은 끝까지 을사늑약의 체결에 반대하며 조약을 승인하지 않았다. 그럼에도 고관 다섯 명이 을사늑약에 서명함으로써 조약은 체결되고 말았다. 이 다섯 명을 '을사 5적'이라고 부른다.

을사 5적 때문에 식민지가 되었다고 생각한 사람들은 그들을 처단하려고 했다. 하지만 을사 5적 주변에는 그들을 보호하고 지키는 일본군 호위대가 항상 따라다니고 있어 쉽게 공격할 수 없었다. 을사 5적 처단에 가장 먼저 눈에 띄는 활동을 한 사람은 기산도다. 기산도는 김석항, 김일제 등과 함께 기회를 엿보던 중 1906년 2월 16일 거사를 실행에 옮겼다. 을사 5적 중 한 명인 이근택의 집에 잠입해 칼로 습격하여 이근택에게 열세 곳에 자상을 입혔으나 죽이지는 못한 채 도망쳤다.

그런데 기산도가 다른 사건에 연루되어 붙잡히면서 이근택 습격 사건의 전모가 드러났다. 이에 대해 기산도는 "5적을 죽이려는 사람이 어찌 나 혼자이겠느냐? 탄로 난 것이 한스러울 뿐이다"라고 말해 을사 5적을 향한 민중의 분노를 대변했다. 기산도와 김석항 등 이근택 습격 사건에 가담한 열한 명은 재판에 회부되어 2년 형을 선고받았다. 형을 마친 뒤 기산도는 의병 활동에 참여하여 항일 투쟁을 이어 갔다. 또한 일제 강점기하에서는 임시 정부의 군자금을 모으는 일을 수행하며 독립에 헌신했다.

을사 5적에게 가장 위협적인 경고를 보내며 5적 암살단으로 활동한 단체는 자신회다. 1907년 나철이 을사 5적을 암살할 목적으로 200여 명을 모집하여 결성한 자신회는 을사 5적을 모두 처단한 다음 친일 정부를 전복하고 신정부를 수립할 계획까지 세웠다.

자신회는 을사 5적 암살을 위한 구체적인 실행 계획을 마련했다. 나철과 오기호는 을사 5적 처단 방법을 모색하고 김동필, 박대하, 이홍래, 이용채 등은 의병 모집과 무기 구입을 담당하는 한편 김인식 등은 거사에 필요한 자금을 준비했다. 이렇게 준비를 마치고 1907년 2월부터 을사 5적 처단 활동을 전개했으나 거사는 번번이 실패했다.

1907년 3월 25일은 네 번째 거사일이었다. 자신회는 을사 5적 모두를 암살할 계획에 6개 결사대를 꾸렸다. 하지만 6개 결사대 가운데 이홍래조만 권중현을 저격했을 뿐 나머지 조는 전부 실패하고 말았다. 그리고 권중현도 상처만 입은 상태였다. 결국 결사대원들이 체포되어 자신회 활동은 성과를 거두지 못했다. 일본이 사건과 관련된 연루자 색출에 나서자 나철 등 자신회 간부들은 스스로 주모자임을 밝히고 다른 대원들을 모두 석방하라고 주장했다. 이에 나철 등 관련자 30여 명은 재판에 회부되어 5~10년 유배형을 선고받았으나, 1907년 12월 고종이 특사로 이들을 석방했다.

자신회 활동 이후 나철과 오기호는 대종교를 창시하여 민족의식을 고취시키고 독립운동의 사상적 기반을 제공했다. 이에 많은 사람이 대종교 신자가 되어 항일 투쟁에 가담했다. 나철과 오기호 외에도 자신회에서 활동한 인사들은 고향으로 돌아가 농민 운동을 이끌거나 일제 강점기에 발생한 3·1 운동의 지역 활동을 주도하는 등 독립운동을 이어 간다.

민족의 믿음을 저버린 을사 5적을 처단하여 배신에 대한 한을 풀고 일본에 저항하는 의지를 보여 주려 한 5적 암살단은 바라던 바를 얻지 못했다. 일본이 을사 5적을 보호한 데다 자금 등 여러 면에서 역부족이었기 때문이다. 그러나 이들의 활동은 그 뒤 전개된 항일 투쟁에 활기를 불어넣기에 충분했다.

샌프란시스코에서 울린 촉성 – 장인환·전명운 의거

1904년 12월 27일 대한 제국의 외교 고문으로 미국인 더럼 스티븐스가 임용되었다. 제1차 한일 협약에 따라 일본은 스티븐스를 외교 고문으로 파견하여 대한 제국의 내정 간섭에 나섰다. 이토 히로부미와 친분이 두터운 스티븐스는 철저한 친일파로 일본이 대한 제국을 식민 지배해야 한다는 견해를 여러 차례 표명했다. 이에 우리나라 사람 상당수가 스티븐스를 적대시하며 친일파와 더불어 처단해야 할 대상으로 여겼다.

1908년 3월 스티븐스는 휴가차 미국으로 향하는 중 이토 히로부미의 지시를 받고 배 안에서 기자 회견을 열었다. 이 회견에서 스티븐스는 동양의 평화를 위해서는 무능한 대한 제국이 독립을 포기하고 일본의 일부로 편입되어 일본의 지배를 받아야 한다는 의견을 제시했다. 3월 21일 샌프란시스코에 도착한 스티븐스는 각 신문에 그러한 내용의 성명서를 발표했다. 게다가 우리나라 사람들이 일본의 보호국이 되는 것을 환영하고 있다는 내용의 기자 회견까지 가졌다.

이것이 신문에 보도되자 샌프란시스코 인근의 한인 독립운동 단체인 공립 협회와 대동 보국회 회원들은 스티븐스를 찾아가 항의했다. 하지만 스티븐스는 대한 제국 사람들은 모두 어리석어서 독립할 자격이 없을 뿐만 아니라 일본의 보호국이 되지 않으면 러시아에 땅을 빼앗길 것이라며 비난했다.

이틀 뒤 3월 23일 스티븐스는 샌프란시스코를 떠나 워싱턴으로 가려고 페리 부두로 향했다. 오전 9시 30분경 스티븐스와 일본 영사가 페리 부두에 도착했을 때 공립 협회 회원 전명운이 스티븐스를 노리고 총을 쏘았다. 하지만 총이 격발되지 않자 전명운은 스티븐스에게 달려들어 얼굴을 가격하며 육탄전을 벌였다. 그때 다시 총이 발사되어 전명운의 어깨에 한 발, 스티븐스의 복부에 두 발이 맞았다. 총을 쏜 사람은 대동 보국회 회원 장인환이었다. 전명운은 뒤를 돌아보다가 총알이 어깨를 스친 것이다. 스티븐스는 병원으로 후송되어 치료를 받다 3월 25일 사망했다.

전명운과 장인환은 스티븐스를 저격하고 처단할 장소로 페리 부두를 택하고 준비했는데 사전에 모의를 한 것이 아니다. 두 사람은 각자 스티븐스를 저격하려고 페리 부두에 총을 들고 나갔다가 서로를 발견한 것이다. 그만큼 스티븐스에 대한 한인 사회의 적대감은 컸다.

사건 직후 전명운은 살인 미수 혐의로, 장인환은 일급 모살 혐의로 샌프란시스코 법원에 기소되었다. 한인 사회에서는 기금을 모아 변호사 비용을 마련하는 등 두 사람을 도왔다. 재판 결과 전명운은 증거 불충분으로 무죄 판결을 받았고, 장인환은 25년 형을 선고받았다가 1919년 가석방되었다.

두 사람의 스티븐스 저격 소식은 대한 제국의 독립을 위해 애쓰는 많은 사람에게 힘이 되었다. 타국에서 힘들게 살아가는 사람들까지 나라의 독립을 위해 분투하는 모습에 독립 의지가 고취되고 곤경도 견디게 했다. 일례로 안중근의 이토 히로부미 저격은 전명운, 장인환의 스티븐스 저격에 영향을 받았다고 한다.

또한 두 사람의 활동으로 미국 내 한인 단체들은 변화를 맞았다. 두 사람의 변호사 비용 모금 운동을 전개하는 과정에서 여러 개로 흩어져 있던 한인 단체는 연합했으며, 그 과정에서 대한인 국민회를 조직했다. 이후 대한인 국민회는 주미 독립운동을 대표하는 단체로 성장한다. 이 점에서 두 사람의 스티븐스 저격은 친일파 한 명을 처단하는 것 이상의 성과를 가져온 의미 있는 활동이었다.

형장의 이슬이 된 안중근

1909년 10월 26일 오전 아홉 시 이토 히로부미가 러시아 재무상 블라디미르 코코프체프와 회담하기 위해 하얼빈역에 도착했다. 이토 히로부미는 코코프체프와 기차 안에서 대화를 나눈 다음 러시아 수비병을 사열하려고 기차에서 내렸다. 이토가 수행원의 안내를 받으며 러시아 군대 앞을 지나가는 순간, 어디선가 총알이 날아와 명중했다. 총 네 발 중 두 발이 복부에 맞았다. 또다시 날아온 총알은 이토의 수행 비서관, 하얼빈 주재 총영사, 만주 철도 이사를 맞혔다. 러시아 재무상 코코프체프는 이토 히로부미를 기차 안으로 옮겼다. 수행원들은 그가 좋아하는 브랜디를 한 잔 따라주고 손을 잡았다. 이토 히로부미는 잠시 신음하다가 피격 30분

뒤 오전 열 시경 숨을 거두었다.

이토 히로부미를 저격한 사람이 바로 안중근이다. 안중근은 이토 히로부미가 암살에 대비해 혹시 변장했을지 몰라 주변 인물도 저격할 만큼 철두철미하게 준비했다. 이토 히로부미 저격 후 러시아 헌병에게 체포당하는 과정에서 안중근은 당시의 세계 공용어인 에스페란토로 "코레아 우라(대한 독립 만세)"를 외쳤다. 이때 이토는 "당했다"라는 말을 내뱉었다.

만주 뤼순 감옥에 갇혀 재판을 받은 안중근은 사형을 선고받

았다. 또한 함께 이토 히로부미 저격을 준비한 혐의로 잡힌 우덕
순에게는 3년 형, 조도선과 유동하에게는 1년 6개월이 선고되었
다. 배후에서 거사를 도운 러시아 교포 최재형이 러시아인 변호
사를 고용했으나 일본은 변호사 접견을 금지했다. 1910년 3월
26일 오전 열 시 안중근은 교수형을 당했다.

"늙은 도둑이 내 손에서 끝나는구나" – 안중근의 거사

하얼빈에서 이토 히로부미를 저격한 사건이 워낙 중대한 거사
라 안중근을 이토 히로부미 저격만으로 기억하기 쉽다. 하지만 안
중근은 그 이전부터 꾸준히 독립운동을 전개하던 애국지사다. 안
중근은 일찍이 천주교에 입문하여 천주교 포교와 교육 활동에
적극 참여했다. 본격적으로 독립운동에 몸담은 것은 1904년 러
일 전쟁 발발 직후로 안중근의 나이 스물여섯 살 때였다. 그는 러
일 전쟁이 일어나자 해외 망명을 결심하고 상하이에서 활동하다
아버지의 부음을 듣고 1906년 귀국한 뒤 애국 계몽 운동에 매진
했다.

석탄 상회를 경영하여 민족 자본 형성에 앞장서고 서양식 건
물을 지어 삼흥 학교를 설립했다. 삼흥이란 토흥, 민흥, 국흥 즉
'국토와 국민이 흥하여 나라가 흥하게 하자'는 의미를 담고 있었
다. 삼흥 학교 교장으로 재직하며 안중근은 가족의 재산을 팔아

학교를 키웠다. 또 천주교에서 운영하는 돈의 학교가 해체될 위기에 놓이자 사재를 털어 학교를 인수하여 교육 활동에 매진했다. 국채 보상 운동이 일어났을 때는 가족 모두의 장신구를 헌납했다.

그러나 1907년 고종의 강제 퇴위와 군대 해산을 두 눈으로 지켜본 안중근은 다시 해외로 망명하여 1907년 가을 블라디보스토크에 도착한 후 한인 청년회에 가담한다. 그곳에서 이범윤을 만나 독립운동의 방안을 논의하고 의병 활동을 계획했다. 의병 지원자가 300여 명이 되자 김두성, 이범윤과 국내로 진격하여 일본군과 전투를 벌였다. 하지만 일본군 5천여 명을 만나 대패하고 말았다.

그 뒤 이상설, 이범석 등을 만나 활동을 의논하던 중 1909년 3월 2일 노브키에프스크에서 김기룡, 엄인섭, 황병길 등 동지 열두 명과 단지 동맹을 결성한다. 단지 동맹 회원들은 당장 의병 활동을 재개할 수 없으나 그 뜻만은 굽히지 않고 때를 노려 독립을 위해 목숨을 바치기로 맹세했다. 안중근의 상징과도 같은 네 번째 손가락이 잘려 나간 손도장이 바로 단지 동맹의 결의를 보여 주는 증표다.

단지 동맹에서 안중근은 우리나라 침략의 원흉 이토 히로부미를 처단하기로 약속하고, 김태훈은 이완용을 암살하기로 맹세했다. 그리고 그 일을 3년 안에 성사시키지 못할 경우 자살로 속죄하기로 다짐했다. 그러던 1909년 9월 신문 기사에서 이토 히로부미가 코코프체프와의 회견을 위해 하얼빈에 온다는 소식을 접했다. 찾아 나설 필요 없이 이토 히로부미가 자신의 활동 무대인 블라디보스토크와 가까운 만주로 온다는 소식에 안중근은, "여러 해 소원한 목적을 이제야 이루게 되다니. 늙은 도둑이 내 손에서 끝나는구나"라며 기뻐했다고 한다. 안중근은 이토 히로부미를 처단할 준비 작업에 돌입했다.

이토 히로부미의 만주 방문에 대한 구체적인 정보와 무기, 자금 등 만반의 준비를 마친 안중근과 우덕순은 1909년 10월 21일 블라디보스토크를 출발했다. 하얼빈에 도착하여 유동하로부터 협조를 약속받고 조도선이 합류하면서 네 명이 한 팀이 되었다. 그들은 김성백의 집으로 안내되어 구체적인 이토 히로부미 암살 계획을 짰다.

이토 히로부미가 탄 기차는 남장춘을 출발하여 채가구와 관성자를 거쳐 하얼빈에 도착할 예정이라 이 네 곳 모두에서 의거를 실행할 작정이었다. 하지만 경비와 인원이 부족하여 하얼빈과 채가구 두 곳에서만 의거를 준비하는 것으로 변경했다. 이에 관성자에서 오는 기차와 만나는 교차역인 채가구에서는 우덕순과 조도선이, 종착역인 하얼빈에서는 안중근이 암살을 실행하기로 했다. 그리고 유동하는 통역을 맡고 채가구와 하얼빈 사이의 연락을 담당했다. 만약 이토 히로부미가 탄 특별 열차가 채가구에 정차하면 우덕순과 조도선이 기차에 뛰어올라 이토 히로부미를 사살하고, 그것이 실패하면 하얼빈에서 공격하는 것으로 거사가 계획되었다.

하지만 채가구에 우덕순과 조도선이 숙소를 잡고 안중근과 헤어지면서 눈물을 흘리는 모습을 러시아 경비병이 목격했다. 이들의 행동을 수상하게 여긴 러시아 경비병은 이토 히로부미를 태운 특별 열차가 채가구를 지나는 시간에 우덕순, 조도선이 머문 여인숙 문을 밖에서 잠가 버렸다. 그 바람에 두 사람의 거사는 시도해 보지 못한 채 실패하고 말았다.

이제 남은 기회는 하얼빈역에서 안중근이 저격하는 것뿐이었다. 안중근은 브라우닝 8연발 권총을 네 발 쏘아 그중 세 발이 이토 히로부미를 정확하게 명중했다. 안중근의 총에 맞은 이토 히로부미는 죽었고 오랜 기간 그를 처단하려 노력해 온 안중근의 거사는 성공했다.

안중근에 대한 재판은 불법적으로 진행되었다. 사건이 일어난 하얼빈은 러시아의 조차지이므로 러시아 법에 따라 재판하거나 안중근을 국내로 인도해야만 했다. 왜냐하면 사건이 일어난 때에는 아직 대한 제국이 존재하고 있었기 때문이다. 하지만 일본은 러시아를 압박해 안중근을 인도받아 자기들 마음대로 재판하여 1910년 2월 14일 사형 선고까지 하고 말았다.

　재판 내내 일본은 안중근이 변호인을 접견하지 못하도록 막아 일본인 관선 변호사 미즈노 요시타로와 가마타 마사하루의 변호조차 처음에는 허락하지 않았다. 이렇게 불리한 여건 속에서도 안중근은 거사 동기를 똑똑히 밝혔다. 이토 히로부미는 대한 제국의 독립 주권을 침탈한 원흉이자 동양 평화를 어지럽히는 자이므로 대한 의용군 사령관 자격으로 적을 총살한 것이지 안중근 개인 자격으로 사살한 것이 아님을 분명히 했다. 따라서 자신을 살인 사건의 피고가 아닌 전쟁 포로로 인정하라고 주장했다. 그러나 일본 재판부는 이 같은 발언을 무시하고 살인죄를 적용했다.

　사형이 결정되었지만 안중근은 뤼순 감옥에서 차분하게 자신의 생애와 주장을 글로 써 내려갔다. 안중근은 옥중에서 자신의 전기를 담은《안응칠 역사》(응칠은 안중근의 할아버지가 지어 준 이름)와 동양 평화에 대한 의견을 개진한《동양 평화론》, 저서 두 권을 구상했다. 책을 집필할 시간이 필요한 안중근은 자신의 사형 집행을 한 달 정도 연기해 줄 것을 일본 당국에 요청했으며, 일본 법원은 공소권 청구를 포기하면 형 집행을 몇 달이고 연기해 줄 수 있다고 답했다. 이에 안중근은 공소권 청구를 포기한 채《안응칠 역사》를 먼저 저술했다. 하지만 일본이 약속을 지키지 않고

1910년 3월 26일 사형을 집행함으로써 《동양 평화론》은 10여 일 동안 서론과 주요 논리만 정리한 채 완성하지 못했다.

안중근은 유복한 가정에서 태어나 좋은 교육을 받아 우수한 인재로 성장했기에 얼마든지 편하게 지낼 수 있는 여건을 갖추고 있었다. 그러나 나라의 독립을 위해 재산과 목숨을 바쳤고 자신의 결정을 결코 후회하지 않았다.

사형되기 며칠 전 두 동생에게 "내가 죽거든 시체는 우리나라가 독립하기 전까지 반장(타향에서 죽은 사람을 고향으로 옮겨 장사지내는 것)하지 말라. ……대한 독립의 소리가 천국에 들려오면 나는 마땅히 춤추며 만세를 부를 것이다"라는 유언을 남겼다고 한다.

세계 평화를 기원한 안중근의 《동양 평화론》

안중근 손에 이토 히로부미가 죽자 일본은 이토의 사상을 오해해서 벌어진 일이라며 안중근을 살인자로 취급했다. 심지어 이토 히로부미가 한국의 독립을 위해 힘을 기울였다고 주장했는데 그 근거는 다음과 같다.

첫째, 독립 능력이 없는 한국이 다른 나라에 점령되면 일본에 매우 불리한 상황이 되기에 일본이 청일 전쟁과 러일 전쟁을 일으켜 청나라와 러시아를 몰아냈으니 두 전쟁은 한국의 독립을 지키기 위한 방안이었다. 둘째, 일본이 한국을 보호국으로 만드는 것을 국제 사회가 인정했으므로 을사늑약은 합법이다. 셋째, 일본이 한국을 보호국으로 만들려는 것은 한국의 진보를 위한 것으로 이토 히로부미야말로 한국의 독립과 문명개화를 가능하게 한 인물이다. 넷째, 천주교 신자인 안중근이 이토 히로부미를 살해한 것은 천주교 교리에 위배된다.

일본의 이러한 주장에 안중근은 이렇게 맞받아쳤다.

첫째, 러일 전쟁 등 일본이 벌인 전쟁은 명백한 침략 전쟁으로

1908년 동의회라는 의병 부대를 만들어 활동하던 때의 안중근. 재판 당시 일본인 관선 변호사는 안중근의 당당한 태도에 감동하여 "이토를 죽이지 않으면 한국은 독립할 수 없다는 마음에서 나온 것에는 의심의 여지가 없다"라고 변론했다(그림 20).

한국인은 일본의 침략 정책에 분개한다. 둘째, 이토 히로부미의 모든 행태는 한국을 병탄하려는 계획하에 나온 것이며, 을사늑약은 일본 군대가 황제를 협박하여 강제로 체결한 것이다. 셋째, 일본이 한국의 진보를 돕는다고 하나 이는 한국을 위한 것이 아니라 한국을 이용하기 위한 것이다. 또한 이토 히로부미는 한국의 독립과 동양 평화를 파괴한 자이므로 이토를 죽여 일본을 각성시키고 침략 행위를 중지하고자 했다. 넷째, 남의 나라를 탈취하고 생명을 빼앗고자 하는 자가 있는데도 가만히 보고만 있는 것이 더 큰 죄이기에 이토를 죽인 것은 천주교 교리에 위배되지 않는다.

　일본은 안중근을 살인자로 몰아 사형에 처하는 것이 정당하다는 논리를 전개하려 했으나, 안중근은 이토 히로부미의 죄상과 일본의 제국주의적 침략을 간파하고 항의했다. 이러한 안중근의 논리가 녹아 있는 글이 곧《동양 평화론》이다.

일본은 아시아 국가 모두 후진국이기에 유럽 열강의 식민지가 될 수밖에 없는데 이는 일본에 위협적일 뿐만 아니라, 아시아 국가 전체에 손해가 되는 일이니 일본을 중심으로 뭉쳐야 한다고 주장했다. 일본이 중심이 되어야만 아시아가 발전할 수 있으므로 마땅히 아시아 국가를 보호해야 하며, 그를 위해 다른 나라에 군대를 보내는 것이 침략으로 잘못 비쳐졌다는 것이 일본의 논리다.

그러나《동양 평화론》은 일본이 내세우는 침략 전쟁의 합리성을 반박하고 있다. 서양의 침략을 막고 동양 평화를 유지하려면 어느 한 나라가 중심이 되는 것이 아니라 모든 나라가 힘을 모으고 단결해야 함을 강조한다. 또한 안중근은 모든 국가가 자주독립을 유지해야만 진정한 평화가 가능하고 그 국가들이 힘을 모은다면 서양의 침략을 막아 낼 수 있다고 내다보았다. 즉 민족주의가 전제되어야 국제 평화가 유지된다는 주장으로, 이는 오늘날의 시각에서 보아도 매우 수준 높은 접근이다.

《동양 평화론》은 안중근이 오랫동안 독립운동을 하며 체득한 이론으로, 각국의 발전과 세계 평화를 이룰 수 있는 논리를 갖추고 있다. 안중근의 이토 히로부미 저격은 국제 평화를 가로막는 대표 인물을 죽임으로써 세계 각국의 공존과 평화를 지키려는 거사이며, 대한 제국이라는 한 나라의 독립을 넘어 세계 평화에 기여하는 위대한 활동이었다.

대한 제국은 어떻게
일본의 식민지가
되었을까?

줄곧 한반도를 식민지로 만들 계획을 수립하고 실천해 온 일본은 1905년 을사늑약 이후 식민지 건설에 본격 돌입했다. 이 과정에서 우리나라 사람들의 거센 반발을 무력으로 진압하는 한편, 친일파 관료들에게 온갖 서류에 서명하게 하여 병탄 과정을 한 단계씩 밟아 나갔다. 그리고 드디어 1910년 한일 병탄 조약이 조인됨에 따라 우리나라는 일본의 공식 식민지가 되었다.

사법권과 경찰권 강탈

1907년 고종 황제를 강제로 물러나게 하고 군대 해산에 나선 일본은 차관 정치를 펼치며 대한 제국의 정치를 장악했다. 차관 정치란 각 행정 부처의 차관 자리에 일본인을 임명하는 것을 의미한다. 즉 각 행정 부처 장관급에는 그대로 우리나라 사람들을 앉혀 놓고 그 아래 차관을 모두 일본인으로 배치한 것이다.

이는 대한 제국 사람들의 불만을 무마하려는 조치다. 외견상 대표자는 모두 대한 제국 사람으로 임명하되 실무를 담당하는 차관은 모두 일본인으로 교체함으로써, 대한 제국의 국권을 살려 주는 척하며 실권은 일본인이 차지하도록 설계한 것이다. 차관 정치가 시작되면서 실제로 우리나라 관료로 일본인이 대거 임명되었다.

뒤이어 일본은 1909년에는 사법권을, 1910년에는 경찰권을 강탈해 갔다. 일본은 사법권과 경찰권을 대한 제국으로부터 위탁받았다고 표현했지만, 이는 사실상 일본이 대한 제국의 통치를 담당하는 것이나 다름없었다. 이처럼 사법권과 경찰권을 포함한 모든 국가 권력을 빼앗아 간 일본의 남은 과제는 대한 제국의 식민지화를 공식적으로 선언하는 것뿐이었다.

수치스러운 날 경술국치 – 한일 병탄 조약

1910년 5월 일본인 통감으로 육군대신 데라우치 마사타케가 임명되었다. 군인 출신인 데라우치는 경찰의 역할을 군인이 수행하는 헌병 경찰 제도를 강화함으로써 대한 제국의 식민지화를 위한 사전 작업에 나섰다. 이제 한일 병탄 조약을 체결하기만 하면 모든 과정은 마무리되는 것이다.

1909년 7월 6일 내각 회의에서 대한 제국의 관료들은 일본에 병탄되는 데에 찬성하며 이미 승인한 상태였다. 다만 국제적 명분을 얻기 위해서는 형식적으로나마 서명 절차를 거쳐야 했다. 1910년 8월 16일 데라우치 통감은 비밀리에 총리대신 이완용에게 병탄 조약안을 제시하고 수락할 것을 요청했다. 그리고 8월 22일 창덕궁 대조전에 있는 흥복헌에 대신들이 모여 어전 회의를 열었다. 대한 제국의 마지막 어전 회의였다. 이 회의에서 학부대신 이용직은 병탄 조약에 반대하다 쫓겨났고 나머지 여덟 명은 조약 체결에 찬성하고 협조를 약속했다.

경술년에 체결된 이 조약에 찬성한 이들을 '경술국적'이라고 부른다. 내각 총리대신 이완용, 시종원경 윤덕영, 궁내부 대신 민병석, 탁지부 대신 고영희, 내부대신 박제순, 농상공부 대신 조중응, 친위부 장관 겸 시종무관장 이병무, 승녕부 총관 조민희 등 여덟 명이다. 이들은 한일 병탄 조약의 공로를 인정받아 일본으로부터 귀족 작위와 포상금을 받았다.

어전 회의가 끝난 후 이완용과 데라우치 마사타케는 병탄 조약에 서명했다. 이제 대한 제국은 일본의 완전한 식민지가 되고 말았다. 하지만 이 사실이 외부로 알려질 경우 한국인의 거센 반발이 예상되었기에 병탄 조약 승인 발표는 미루어졌다. 그리고 만약의 사태에 대비해 나남, 청진, 함흥, 대구 등에 주둔하고 있는 일본군을 전부 수도로 불러들였다.

합병을 발표하기 전 일본은 반발을 최소화하기 위해 원로대신들을 연금했다. 이어서 8월 29일 순종으로 하여금 대한 제국의 통치권을 일본에 넘긴다는 조칙을 발표하도록 했다. 이로써 공식적으로 대한 제국은 일본의 식민지가 되었다. 이날은 우리 역사에서 수치스러운 날이라는 뜻으로 '경술국치'라고 부른다.

이때 일본과 대한 제국이 맺은 조약은 총 8개 조로 구성되어 있는데, 제1조에서 한국 정부에 관한 일체의 통치권을 완전하고도 영구히 일본에 넘긴다고 규정한다. 또한 일본 국왕이 대한 제국 국호를 조선으로 고쳐 칭하는 것에 관한 조서도 아울러 공포되었다. 병탄 조약 발표 후 황현, 한규설, 이상설 등 일부 지식인과 관료 들은 한일 병탄 조약이 강압적으로 이루어진 늑약이라며 항거했다. 또한 14만 명이 독립운동에 참여하며 한일 병탄에 반대했다.

합방이 아니라 강제로 제 것으로 만든 '병탄'

당시 일본은 한국과 맺은 조약에서 '합방'이라는 단어를 사용했다. 조약 이전부터 명칭에 대한 논란이 있었다. 일본은 '합병'이나 '병합'이라는 단어를 사용하려 했으나, 이 단어들은 서로 다른 두 나라가 합쳐진다는 의미로, 두 나라가 동등함이 내포되어 있다. 일본은 대한 제국을 지배한다는 의미를 담을 수 있는 표현이 필요했다. 그래서 일본이 우위에 있음을 드러내고자 합방이라는 단어를 만들어 사용했다.

하지만 이는 잘못된 표현이다. 합병, 병합, 합방은 모두 '자발적 의지에 따라 두 나라가 하나로 되는 것'을 뜻한다. 그렇지만 친일파를 제외하고 일본의 지배하에 놓이는 데 찬성하는 한국인은 없었다. 그럼에도 일본이 대한 제국을 식민지로 삼은 것은 남의 재물이나 영토, 주권 따위를 강제로 제 것으로 만든다는 의미가 담긴 '병탄'이 정확한 표현이다. 일본 역시 당시의 조약이 병탄임을 알고 있지만 국제 사회를 의식하여 사용하지 않았다. 그러나 이는 명백하게 강제로 이루어진 것이기에 병탄 조약으로 불러야 한다.

한일 병탄 조약이 체결되어 우리나라는 일본의 식민지가 되었지만, 이 조약에는 여러 불법적 요소가 담겨 있다. 가장 중요한 것은 병탄을 최초로 알리는 조칙에 옥새는 찍혀 있지만 순종의 서명이 없다는 점이다. 조칙이 성립하려면 옥새와 더불어 서명이 들어가야 하는데 서명이 없으니 이 조칙 자체가 무효라는 뜻이다.

한일 병탄 전해인 1909년 순종은 대구, 부산 등 남부 지방을 순행했다. 이 사진은 순조의 부산 순행 기념엽서로 오른쪽 위가 순종이다(그림 21).

또한 8월 29일 공포된 문서에 찍혀 있는 도장은 대한 제국의 국새가 아닌 행정 결제용 도장인 칙명지보다. 칙명지보는 1907년 7월 고종이 강제 퇴위할 때 일본이 앗아 가서 순종이 아닌 다른 사람도 사용할 수 있게 된 도장이기 때문에 순종이 찍었다고 볼 수 없다. 이러한 점을 면밀하게 따져 볼 때 한일 병탄 조약은 국제법상으로 성립할 수 없는 조약이며, 따라서 1910년 이후 대한 제국과 일본의 관계는 식민 통치 관계가 아니라 일본이 한국을 불법 강점한 것이라고 해석할 수 있다.

2010년 5월 10일 한일 강제 병탄 100주년을 맞아 한국의 지식인 109명은 서울 중구 프레스센터에서, 일본 지식인 105명은 도쿄의 일본 교육 회관에서 각각 기자 회견을 열고 "한일 병합 조약은 원천 무효"라는 공동 성명을 발표했다. 이들은 한일 병탄 조약이 형식 면에서 중대한 결함을 지닌 불법 조약이므로 우리나라 사람들이 전개한 독립운동은 합법적인 활동으로 보아야 한다는 주장을 펼쳤다.

아직 끝나지 않은 영토 문제

우리나라가 일본의 식민 지배를 받으면서 빼앗긴 것은 주권만이 아니다. 일본은 마음대로 우리나라 영토의 주인 행세를 했는데, 그로 인해 발생한 부작용 중 여전히 해결되지 않고 있는 문제가 있다.

간도

간도는 한반도 북부 압록강 상류와 두만강 북부 지역, 즉 한반도의 동북부 지역이라고 생각하면 된다. 간도라는 지명의 유래에 관한 이야기는 여러 가지가 있는데 조선과 청나라 사이〔간(間)〕에 놓인 섬〔도(島)〕과 같다는 의미에서 간도라고 불렀다는 주장이 가장 유력하다. 그 밖에 조선인이 이주하여 밭을 갈았다고 하여 사이 간(間)이 아닌 밭갈 간(墾)을 사용했다는 주장도 있다.

청나라를 세운 여진족은 간도 지역을 자신들의 발상지로 여기고 신성시하여 사람들이 들어가지 못하게 했고, 세월이 흘러 사람이 살지 않는 척박한 불모지가 되었다. 그러다가 청나라와 조선 사람 일부가 몰래 들어가 땅을 일구고 살기 시작하면서 간도의 경계가 모호해지고 그 땅의 주인이 누구인지조차 명확하지 않게 되었다.

뒤늦게 그 사실을 알게 된 청나라는 1712년(숙종 38년) 조선과 간도의 영유권에 대해 협의했다. 이에 양국 대표가 현장 답사를 마친 후 국경선을 확정 짓는 비석인 백두산정계비를 세웠다. 그리고 비문에는 서쪽으로는 압록강, 동쪽으로는 토문강을 경계로 삼아 조선과 청의 국경을 정한다고 명시했다. 이렇게 간도 문제는 마무리되는 듯 보였다.

간도의 영유권 문제가 발생한 것은 19세기 중반이다. 두 나라가 합의하여 세운 백두산정계비의 비문 중 '토문강'에 대한 해석을 달리하면서 조선과 청나라 사이에 갈등이 불거졌다. 청나라는 토문강이 두만강의 옛 이름이므로 토문강을 두만강의 상류로 보아야 한다고 주장한 반면, 조선에서는 송화강의 지류 중 하나가 토문강이므로 그 강이 백두산정계비에 언급된 토문강이라고 주장했다.

토문강이 이토록 중요한 이유는 그 위치에 따라 영토 넓이에 큰 차이가 생기기 때문이다. 중국의 주장대로 토문강을 두만강으로 보면 현재 우리나라의 영토 크기 그대로지만, 조선의 주장대로 송화강의 한 지류로 보면 국경선이 북쪽으로 조금 더 올라가 그만큼 우리나라 영토는 커진다.

이처럼 토문강의 해석 문제가 불거진 당시 간도는 사실상 우리나라 땅이나 마찬가지였다. 조선 사람들이 간도로 이주하여 농경지를 개척하고 마을을 이루며 살고 있었다. 상황이 그렇게 되자 청나라는 1882년 간도 지방에 조선 사람들이 들어오지 못하게 해 달라고 조선 정부에 요청했다. 이에 조선은 토문강은 송화강의 지류이므로 간도가 조선의 영토임을 주장하며, 양국이 공동으로 백두산정계비와 토문강의 발원지를 조사하여 국경선을 확정 짓자고 했다. 그러나 청나라가 이를 수용하지 않으면서 간도의 귀속 문제는 외교 현안이 되었다.

대한 제국 정부가 수립된 뒤 고종은 간도를 대한 제국의 영토로 선언하고 직접 지배하기 위해 1903년 이범윤을 간도 관리사로 임명했다. 1905년 을사늑약이 체결된 후 우리나라에 들어온 일본 통감부 역시 간도를 대한 제국 영토로 인정하고 간도에 통감부 출장소까지 두고 관리했다. 그런데 1909년 9월 4일 일본은 간도 협약을 맺고 남만주 철도 부설권을 얻는 대가로 간도를 청나라의 영토로 인정하고 말았다. 간도 협약에 따라 간도는 청나라 땅이 되어 간도에 거주하는 우리나라 사람들은 청나라의 지배를 받게 되었다. 대신 일본은 남만주 철도를 건설함으로써 상당한 이득을 손에 넣었다. 말하자면 일본이 경제적 이익을 얻고자 대한 제국의 간도 땅을 중국에 팔아넘긴 것이다.

하지만 간도 협약은 당사자인 대한 제국 정부가 참여하지 않은 채 대한 제국 영토의 일부가 할양되었으므로 효력이 없는 불법적 조약이 틀림없다. 일본이 대한 제국과 청나라 사이에서 이득을 취하고자 간도를 넘기는 과정이 합법한 절차에 따라 이루어지지 않았기에 간도 문제는 한국과 중국이 외교적으로 해결할 필요가 있다.

그럼에도 현재 간도에 관하여 언급하지 않는 것은 북한을 통하지 않고는 간도에 접근할 수 없어 대한민국이 거론하기 어려운 문제라는 점, 중국과 대립각을 세우기가 쉽지 않다는 점 때문이다. 20세기 초만 해도 중국은 다른 나라와의 충돌로 어려움을 겪고 있는 데다 간도 주민 대부분이 우리나라 사람들이어서 간도 지역은 외교를 통해 충분히 우리 땅으로 정식 편입시킬 수 있었다. 일본이 멋대로 저지른 불법적 조약으로 우리나라 영토가 작아졌으니 안타까운 일이 아닐 수 없다.

독도

경상북도 울릉군에 속하는 독도는 대한민국 정부 소유의 국유지다. 자연으로서 가치가 높아 현재 천연기념물 제336호 독도 천연 보호 구역으로 지정되어 보호되고 있으며 동도와 서도 외에 부속 도서 89개로 구성되어 있다. 독도는 울릉도의 동남향 87.4킬로미터에 위치하며 맑은 날이면 울릉도에서 육안으로도 볼 수 있을 정도로 가까워 삼국 시대부터 울릉도의 부속 섬으로 인식되어 왔다.

독도가 우리나라 땅이라는 기록은 수없이 많다. 독도는 512년(신라 지증왕 13년) 신라에 복속된 후 줄곧 우리 영토로 인식되었고, 독도와 관련된 조선 시대의 기록(조선 시대에는 독도를 자산도라고 불렀다)은 손쉽게 찾아볼 수 있다. 대표적인 것은 1454년 저술된《세종실록지리지》로 이 책에는 독도의 역사적·지리적 내용이 수록되어 있다. 조선 시대 숙종 때 독도를 놓고 벌어진 조선과 일본의 갈등은 안용복을 통해 독도가 조선 영토임을 확인 받고 마무리되었다.

독도가 우리나라의 고유 영토임을 대한 제국 시절에도 확인한 바 있다. 1900년 10월 25일 고종은 칙령 제41호를 반포하여 대한 제국의 영토에 울도군을 신설했다. 그리고 울도군의 관할 구역을 관보 제1716호에 수록하여 울릉도와 독도 및 부속 도서는 모두 대한 제국의 통치 지역임을 선포하며 법적 효력을 갖게 되었다.

이처럼 명백하게 우리 영토인 독도를 일본이 탐내기 시작한 것은 러일 전쟁이 벌어지면서부터다. 동해에서 러시아와 해전을 벌인 일본은 독도의 지정학적 중요성을 인식하고 독도를 자신들의 영토로 편입하고자 했다. 당시 일본 외무성 자료에는 "독도에 망루를 세워 무선 또는 해저 전신을 설치하면 적함 감시에 매우 유리하다"라는 내용이 있다. 독도의 군사적 가치를 깨달은 것이다.

일본은 1905년 2월 22일 시마네현 고시 제40호를 발표하고 독도를 일본 땅이라고 선언했다. 시마네현 고시 제40호를 보면 독도를 다케시마라고 칭하고 앞으로 일본 시마네현에서 관리할 것이라는 내용이 담겨 있다. 이 사실을 알게 된 대한 제국은 일본의 독도 점유를 불법 행위라며 항의했다. 하지만 일본은 이 항의를 무시하고 독도를 일본 영토에 편입했다.

사실 일본이 빼앗아 간 땅은 독도만이 아니다. 중국의 타이완과 뤼순·다롄, 러시아의 사할린 남부, 우리나라의 제주도와 독도 모두 일본이 강탈한 땅이다. 제2차 세계 대전이 끝나면서 일본의 꿈은 모두 물거품이 되었다. 패망한 일본은 그간 빼앗은 영토를 돌려주어야 했고 독도는 당연히 다시 우리나라 땅이 되었다.

그런데 일본은 1952년부터 독도가 본디 자기네 영토였다는 얼토당토않은 주장을 펼치고 있다. 일본의 논리는 이러하다. 러일 전쟁 중에 주인 없는 섬인 독도를 우연히 발견한 것이지 한국으로부터 빼앗은 땅이 아니라는 것이다. 따라서 제2차 세계 대전 패전과 무관하게 독도는 처음부터 일본의 섬이라는 주장이다. 이에 일본은 지금도 우리나라가 자기네 땅을 불법 점유하고 있다고 우기고 있다.

이는 분명한 허위 주장이다. 사료에서 확인되듯이 독도는 신라시대 이후 줄곧 우리 땅이었다. 그리고 일본이 독도를 발견했다고 주장하는 해는 1905년인데 불과 5년 전인 1900년 고종이 내린 칙령 제41호에 독도가 우리 땅임이 확실하게 나와 있다. 일본이 이 사실을 모를 리 없고 실제로 일제 강점기 때 제작된 수로지에는 울릉도와 독도를 조선 영토로 표기하고 있다.

울릉도와 독도가 우리 땅으로 표시된 지도는 우리나라를 비롯한 유럽 여러 나라가 소유하고 있는 많은 사료에 수록되어 있다. 일본이 갖고 있는 고지도 중에도 독도가 우리 땅으로 표시된 것들이 적지 않다. 그런데도 일본은 한국이 불법 점거를 하고 있다는 거짓 주장을 하고 있다. 이는 독도를 국제 분쟁 지역으로 만들어 절반이라도 차지하려는 속셈이다.

독도는 과거에도 현재에도 미래에도 틀림없는 우리 영토다. 일본은 독도의 주인을 국제 재판을 통해 밝히자고 하는데, 우리가 우리 땅임을 다른 나라 사람들에게 승인받을 필요는 없다. 19세기와 20세기의 수많은 지도가 이미 독도를 한국 땅으로 표시하고 있다. 그러니 우리는 독도가 우리 땅이라는 역사적 사실을 명확하게 알고 일본의 거짓 주장에 반박할 수 있는 실력을 갖추어야 한다.

300년 청나라의 멸망을 가져온 신해혁명

청일 전쟁의 패배와 양무운동의 좌절 이후에도 청나라는 변법자강 운동, 의화단 운동 등 근대화를 위한 다양한 시도를 했으나 모두 성과를 내지 못했다. 그리고 실패의 중심에 서 태후, 정부의 부패와 무능이 자리하고 있음이 드러나면서 청나라 사람들의 불만과 불신은 걷잡을 수 없이 증폭되어 갔다.

1908년 11월 14일 청나라 제11대 황제 광서제가 죽자, 서 태후는 광서제의 세 살배기 조카 푸이를 황제로 앉혔다. 그가 바로 마지막 황제 선통제다. 그다음 날인 11월 15일 서 태후가 급사하여 정치는 선통제의 아버지 순친왕의 손에 들어갔다. 절대 권력자 서 태후 사망 후 청나라의 개혁을 원하는 사람들은 순친왕에게 의회 개설을 요청했다. 그러나 이 요구가 거절당하면서 정치 개혁은 이루어지지 못했다.

한편 청 왕조의 몰락과 공화정 수립을 추구하는 세력이 있었는데 그 중심인물이 쑨원이다. 쑨원은 미국 하와이에서 1894년 청조를 타도하자는 취지로 흥중회를 결성해 활동하다가 1895년 홍콩에서 반청 봉기를 꾀했다. 하지만 사전에 발각되어 봉기는 좌절되고 쑨원은 망명하여 영국 런던의 청나라 공사관에 억류되었다. 이 사건으로 국제적으로 유명해진 쑨원은 청나라 타도를 꿈꾸는 많은 해외 유학생의 영웅이 되었다.

의화단 운동 이후 청 왕조의 무기력함이 적나라하게 드러나 혁명 단체들의 활동은 활발해졌다. 그러던 중 1907년 7월 쑨원이 일본을 방문하자 여러 유학생과 혁명 세력은 중국 동맹회를 결성했다. 중국 동맹회는 쑨원, 황싱, 장빙린을 중심으로 혁명을 통해 청 왕조를 몰아내고 새로운 공화정 정부를 수립하기로 합의했다.

중국 동맹회는 일본 도쿄에 본부를 두고 청나라 국내에 지부를 두며 세력을 확장해 나갔다. 신지식을 익힌 유학생과 농민, 수공업자, 상인 등 청나라를 몰아내고 새로운 정부를 수립하는 데 동의하는 사람들이 불어나면서 중국 동맹회의 힘은 막강해졌다. 그러나 활동은 생각처럼 쉽지 않았다. 혁명에 대한 의지와 열의는 높으나 자금과 무기가 부족하고 체계적인 군사 훈련을 받지 못하여 관군과의 전투에서 연이어 패했다. 안휘 신군 봉기, 경술 신군 봉기, 순친왕 암살 기도, 황화강 사건 등이 전부 실패하며 많은 사람이 희생되었다.

이 같은 상황에서 청나라 정부가 철도 국유화를 추진하면서 이

옥고 문제가 터졌다. 당시 중국에서는 철도에서 생기는 이익을 열강에 넘겨주지 말자며 민간이 이권을 회수하고 돈을 모아 철도를 건설하는 경우가 많았다. 그런데 철도를 청나라 정부가 국유화하겠다고 선언한 것이다. 철도를 다른 나라에 담보로 내주고 돈을 빌려 와 부족한 자금을 마련하기 위해서였다. 그 과정에서 이미 사업에 투자한 민간인은 손해를 볼 수밖에 없었는데, 정부는 당장은 돈이 없으니 철도가 완성되고 나면 보상하겠다고 발표했다. 결국 투자한 사람들만 고스란히 피해를 보게 된 것이다.

중국 각지에서는 철도 국유화에 반대하는 보로 운동이 전개되었다. 보로 운동이 가장 거세게 일어난 곳은 쓰촨성(중국의 '성'은 우리나라의 '도'와 같은 행정 구역)으로, 진압 과정에서 군대가 군중에게 총을 발포하여 20여 명이 사망하는 일까지 벌어졌다. 그러자 1911년 9월 쓰촨성에서는 청나라 정부에 항의하는 폭동이 일어나고 정부는 각 성에 연락하여 쓰촨성에 군대를 보낼 것을 명령했다.

우창의 관군도 쓰촨성으로 파병되었다. 그런데 우창은 새롭게 모집한 신군 1만 5천 명 중 5천 명 정도가 혁명파 활동에 동조할 만큼 혁명파 세력이 막강한 곳이었다. 쓰촨성 폭동 진압을 위해 관군이 빠져나간 우창에는 신군만 남게 되었다. 이를 호기라고 판단한 신군은 청나라 타도를 외치며 혁명을 일으켰다.

신해혁명의 중요 인물인 위안스카이(왼쪽)와 쑨원. 위안스카이는 대총통이 된 후 스스로 황제라 칭했으나 곧 철회하고 얼마 안 가 죽었으며, 쑨원은 위안스카이에게 맞서려다 일본으로 피신했다. 그 뒤 위안스카이 사후 귀국하여 국민당 정부를 세웠다(그림 22, 23).

1911년 10월 10일의 일이다. 이것이 신해년에 발생한 신해혁명이다.

우창에서 발생한 봉기는 중국 동맹회 회원들이 있는 다른 지역으로 번져 나가 1911년 11월 하순에는 중국의 24개 성 가운데 14개 성이 청나라로부터 독립을 선언했다. 사태가 걷잡을 수 없게 되어 청나라 황실은 군 책임자인 위안스카이에게 신해혁명의 수습을 맡겼다.

하지만 위안스카이는 혁명군과 싸우는 대신 협상을 제의했다. 혁명을 일으키는 데에는 성공했으나 위안스카이가 이끄는 군대와 전쟁을 벌인다면 싸움에서 이기기도 혁명을 완수하기도 힘들다고 판단한 혁명군 지도자들은 협상에 응했다. 협상을 벌이는 도중 혁명군은 1911년 12월 29일 난징에서 쑨원을 임시 대총통으로 하는 임시 정부를 세웠다. 잠시 협상이 중단되었으나 쑨원이 대표자가 된 임시 정부는 위안스카이와 협상을 이어 갔고, 쑨원은 위안스카이에게 총통 자리를 양보하겠노라고 했다.

쑨원과의 협상 후 위안스카이는 청나라 황실에게 스스로 물러날 것을 제안했다. 만약 물러나지 않으면 프랑스 대혁명 당시의 루이 16세와 같은 신세가 될 것이라며 엄포를 놓았다. 아무 힘이 남아 있지 않은 청나라는 1912년 2월 3일 위안스카이에게 전권을 넘김으로써 300여 년의 막을 내렸다. 위안스카이는 1912년 3월 10일 베이징에서 중화민국 임시 대총통에 취임했다.

그 후 쑨원은 1912년 4월 1일 정식으로 임시 대총통 자리에서 물러나고 위안스카이가 중화민국 대총통 자리에 올랐다. 이로써 중국 최초의 공화정 정부 중화민국이 들어섰다. 그러나 중화민국의 역사는 쑨원과 중국 동맹회 회원들이 바라는 방향으로 나아가지 못했다. 중국의 새로운 행보에는 이전보다 더 어려운 난관이 기다리고 있었다.

역사의 어느 한순간도 중요하지 않은 때가 없지만, 산업화와 자본주의를 향해 나아가야 하는 개화기는 모든 민족에게 어느 때보다 중요했다. 그런데 하필 그 시기에 우리 민족은 근대화를 완수하지 못한 채 부침을 겪었다. 그 과정에서 너무 큰 희생을 감내해야 했고 우리 민족은 그렇게 세계사에서 낙오되고 있었다.

근대화를 앞둔 선조들의 이야기는 어쩌면 역사의 패배자로 기록될 수도 있는 가슴 쓰린 이야기다. 하지만 그것은 우리의 이야기일 수밖에 없다. 잘났건 못났건 그 속에서 지금의 대한민국이 탄생했으니 받아들여야 한다. 그리고 배워야 한다. 세상을 제대로 이해하고 파악하는 것이 얼마나 중요하며 왜 중요한지를.

앞으로 수십 년, 아니 수백 년의 운명을 결정지을 수도 있는 중요한 순간이 또다시 우리 앞에 다가와 있다. 팬데믹, 비대면 등 경험한 적 없는 생소한 일들이 발생하며 사회는 우리가 예상치 못한 방향으로 흘러가고 있다. 이 시점에서 우리가 어떤 선택을 하느냐에 따라 우리의 미래는 또다시 요동칠 것이다. 이런 중대한 순간에 역사는 우리에게 지침을 주기도 한다. 역사를 통해 미래를 배우는 것이다.

오늘날 변화의 흐름이 우리에게 미치는 영향은 개화기 조선 사람들에게 밀어닥친 근대화의 물결과 닮아 있다는 생각을 해 본다. 어렵지만 현명한 선택과 실천이 요구되던 그때처럼 지금 우리에게도 현명함이 요구되고 있다. 역사를 배움으로써 우리가 얻을 수 있는 최고의 수혜는 과거의 오류를 반복하지 않는 것이다. 당시의 이야기를 타산지석으로 삼아 역사의 흐름을 따라가지 못해 겪는 오류가 다시금 반복되지 않기를 희망해 본다.

그림 목록

재밌어서 밤새 읽는

한국사 이야기 5

1판 1쇄 발행 2022년 8월 19일
1판 3쇄 발행 2023년 11월 5일

지은이 박은화(재밌는이야기역사모임)

발행인 김기중
주간 신선영
편집 민성원, 백수연
마케팅 김신정, 김보미
경영지원 홍운선
펴낸곳 도서출판 더숲
주소 서울시 마포구 동교로 43-1 (04018)
전화 02-3141-8301
팩스 02-3141-8303
이메일 info@theforestbook.co.kr
페이스북 · 인스타그램 @theforestbook
출판신고 2009년 3월 30일 제2009-000062호

© 박은화, 2022

ISBN 979-11-92444-17-8 04910
      979-11-92444-12-3(세트)

부모님들과 선생님들의 변함없는 선택!
가장 재미있는 청소년 학습 필독서

<재밌어서 밤새 읽는> 시리즈

〈재밌밤〉 시리즈는 계속됩니다

미래창조과학부인증 우수과학도서, 한우리독서올림피아드 추천도서, 한국과학창의재단 우수과학도서, 2020년 청소년 북토큰 선정 도서, 학교도서관저널 추천도서, 한우리열린교육 추천도서, 경기중앙교육도서관 추천도서, 한국출판문화산업진흥원 청소년 권장도서, 서울시교육청도서관 추천도서, 정독도서관 청소년 추천도서, 행복한아침독서 추천도서, 김포시립도서관 청소년 권장도서, 경상남도교육청 김해도서관 사서 추천도서, 하루10분독서운동 추천도서 외 다수 선정